돌이키면 살아난다

돌이키면 살아난다

지은이 · 이재훈
초판 발행 · 2015. 03. 09
7쇄 발행 | 2017. 12. 22.
등록번호 · 제1988-000080호
등록된 곳 · 서울특별시 용산구 서빙고로65길 38
발행처 · 사단법인 두란노서원
영업부 · 2078-3333 FAX 080-749-3705
출판부 · 2078-3331

책 값은 뒤표지에 있습니다.
ISBN 978-89-531-2172-0 03230

편집부에서 독자의 의견을 기다립니다.
tpress@duranno.com http://www.Duranno.com

돌이키면 살아난다

이재훈

두란노

contents

part 3 보내심

기뻐하라, 왕이 오신다

회개는 회복으로 가는 하나님의 은혜다

무슨 일이든지 새로 시작하는 것은 어렵다. 그런데 그보다 더 어려운 것은 포기했던 일을 다시 시작하는 것이다. 포기하게 만들었던 장벽이 여전히 존재하고 있다면 다시 시작하는 일은 더욱더 어려운 일이요, 불가능한 일로 여겨질 수도 있다. 두 번 다시 하고 싶지 않은 일을 다시 시작한다는 것, 이미 해 보다가 포기한 일에 대해 열정을 다시 회복한다는 것은 인간의 성정으로는 거의 기대하기 어렵다.

그런데 이런 일이 구약에서 일어났다. 이스라엘 백성이 포로에서 돌아와 성전을 재건하는 일이었다. 포로에서 귀환한 백성은 성전 재건부터 시작하는 하나님 중심의 믿음의 모습을 보였지만 여러 가지 장벽에 부딪히자 슬그머니 우선순위를 바꿔 결국 성전 재건을 포기했다.

그로부터 16년의 시간이 흘렀다. 그 시점에서 성전 재건을 다시 시작한다는 것은 누구도 원하지 않는 일이 되어 버렸다. 할 수 없는 일일 뿐만 아니라 하고 싶지 않은 일이 되어 버렸다. 그러나 하나님께서는 포기하시지 않았다. 하나님께서 시작하신 일은 하나님께서 끝까지 이루시기 때문이다.

하나님께서 이때 사용하신 선지자가 학개와 스가랴다. 하나님께서는 학개와 스가랴 선지자를 팀으로 보내셔서 이스라엘 백성의 식어진 가슴을 뜨겁게 살아나게 하셨다. 학개 선지자는 단도직입적이고 직접적인 책망과 훈계로, 스가랴 선지자는 아름다운 환상과 회복에 대한 격려로 그들의 차가워진 마음을 다시 일으켜 성전 재건의 역사를 이루게 한 것이다.

스가랴서의 감동은 여기에 있다. 주제는 학개서와 마찬가지로 회개를 촉구하는 것이지만 '회개하라'는 명령과 훈계만이 아니라 돌이켜 회개하면 하나님께서 언제든 받아 주신다는 회복의 역사를 아름다운 환상을 통해 보여 주었다. 회개는 내가 돌이키겠다고 결심해서 이루어지는 것이 아니라 돌이켰을 때 받아 주시고 관계를 회복시켜 주시는 하나님의 은혜가 있어야 가능하다. 회개를 회복으로 이끌어 가시는 하나님의 주도적인 은총의 역사가 있어야 한다.

누구나 회개해야 한다는 것은 알지만 회개가 잘 이루어지지 않는 것은 두려움 때문이기도 하다. 내가 돌이킨들 회복이 이루어질까라는 사탄이 심어 주는 불신 때문이기도 하다. 그러나 스가랴서는 회개에 대한 두려움과 불신을 가진 우리를 양 팔을 활짝 벌려 안으실 준비가 되어 있는 사랑 많은 아버지의 모습을 보여 주심으로 불신을 치료해 주신다.

누가복음 15장의 허랑방탕하게 살다 돌아온 둘째아들을 아버지가 먼저 달려가 입 맞추고 축복한 이야기는, 둘째아들이 돌아왔다는 것만으로 용서받는 것이 아니라 아버지가 이미 용서하고 기다리고 있었다는 것을 보여 주는 비유다. 둘째아들이 아무리 돌아간들 아버지가 받아 줄 마음이 없다면 아들의 돌이킴은 소용없는 것이다. 하나님은 우리가 돌아가면 그때 용서하시는 분이 아니라 그리스도의 십자가 안에서 이미 용서하고 기다리시는 분이다. 십자가 안에서 주어진 용서가 있기에 우리의 회개가 가능한 것이다. 그러므로 회개 자체가 은혜요 선물인 것이다.

스가랴서의 메시지가 이 시대의 한국 교회에 필요한 이유가 여기에 있다. 하나님 안에는 언제나 다시 시작할 수 있는 은혜가 있다는 믿음에서 회개가 시작되며 회복이 주어지는 것이다. 지금의 한국 교회는 다시 시작해야 하며, 그것은 하나님 은혜의 품으로 돌이키는 길밖에 없다.

지금 한국 교회에는 어느 정도 신앙생활을 경험하다가 마음이 식어진 사람들이 교회 안팎에 너무 많다. 예배당 건축을 성전 건축으로 알고 믿고 헌신하다가 시험에 빠지고 상처 입은 성도들도 있다. 처음 부르심을 받았을 때의 열정과 순수함을 잃어버리고 인간적인 방법으로 교회를 이끌어가는 많은 사역자들도 생겨나고 있다.

스가랴서를 묵상하고 설교하면서 나 자신에게서도 이러한 식어진 마음을 발견했고, 뒤바뀐 우선순위를 보게 되었고, 회개해야만 하는 많은 부분을 성령님으로부터 지적받게 되었다.

하나님 안에는 언제나 다시 시작할 수 있는 회복의 길이 열려있다. '은혜'의 동의어는 '다시'라는 단어다. 다시 시작할 수 있는 은혜의 길을 허락하신 하나님께 감사드리며, 이 책을 읽는 모든 독자가 회개를 통해 회복을 경험하는 축복을 누릴 수 있기를 간절히 기도한다.

2015년 3월
이재훈

PART 1

돌이킴

돌이키라

,

지금
다시 시작할 때다

01

내게로 돌아오라

스가랴 1:1-6

성도들에게 절대적으로 필요한 두 가지 은혜가 있다. 청교도들은 이 두 가지를 성도가 천국으로 날아가는 데 필요한 두 날개와 같다고 말했다.

첫째는 믿음이다. 믿음은 은혜의 선물이다. 믿음은 내가 먼저 시작할 수 있는 것이 아니고 하나님께서 은혜로 나를 선택해 주셔야 시작되는 것이다. 그러나 은혜로 주신 믿음은 반드시 내가 하나님을 선택하는 믿음으로 나아가게 된다. 믿음에서 믿음으로 나아가는 것이다.

둘째는 회개다. 회개도 은혜의 선물이다. 하나님의 은혜가 아니면 회개는 일어나지 않는다. 믿음의 씨가 마음속에 들어올 때 회개의 은혜가 일어난다. '회개하라'는 말씀은 용서하고 받아 주시겠다는 하나님의 은혜의 초청이다.

그러나 회개가 은혜로만 일어난다면 "회개하라"는 명령이 주어지지 않았을 것이다. 인간의 의지적 결단이 없이는 회개는 일어나지 않는다. 주어진 하나님의 은혜에 우리의 자유의지로 책임 있게 회개하기로 결단하고 행해야 하는 것이다.

참된 믿음은 회개를 일으키고, 회개는 더 진실하고 견고한 믿음을 세운다. 믿음과 회개를 통해 우리는 이 땅에서 천국을 경험할 수 있다.

이 시대를 사는 성도들에게 대체로 믿음은 강조되었지만 회개는 강조되지 못했다. 회개 없는 믿음은 마치 한 날개로 날아보려는 새와 같다.

스가랴서의 주제는 회개와 회복이다. 죄에 대한 지적과 심판에 대한 경고를 계속 듣는 것은 유쾌한 일이 아니다. 그러나 죄에 대한 회개 없이 진정한 기쁨도 없다.

어떤 사람들은 회개가 우리의 기쁨을 없앤다고 생각한다. 아니다. 회개는 우리의 기쁨을 없애는 것이 아니라 거룩하게 정화시켜서 더 풍성한 기쁨, 더 지속적인 기쁨이 되게 한다. 회개를 강조하는 예언서 말씀들을 사랑하라. 예언서를 사랑하는 성도는 결코 망하지 않는다. 회개의 애통함을 넘어서 더욱 큰 기쁨을 누리게 될 것이다.

스가랴 선지자는 이스라엘 역사상 포로 귀환 시대에 사역한 선지자다. 이스라엘 백성은 바벨론의 포로로 세 차례에 걸쳐 끌려갔듯이 페르시아 시대에 돌아올 때에도 세 차례에 걸쳐 이스라엘로 돌아왔다.

첫 번째는 페르시아 고레스 왕의 허락으로 주전 538년 스룹바벨과 대제사장 여호수아의 인도로 귀환했다.

두 번째는 주전 458년 페르시아의 아닥사스다 왕 때 에스라의 인도하에 귀환했다.

세 번째는 아닥사스다 왕 20년 주전 444년에 느헤미야의 인도하에 귀환했다.

스가랴 선지자는 첫 번째 귀환 때 귀환한 제사장이다. 스가랴 선지자는 포로에서 귀환할 당시 젊은 나이였으며(슥 2:4), 예언할 때도 다른 예언자들에 비해 비교적 젊은 나이였을 것으로 추정한다.

주전 538년 페르시아의 고레스 왕은 칙령을 공포하여 이스라엘 백성이 예루살렘으로 돌아가 성전을 재건하도록 허락했다. 뿐만 아니라 성전 재건에 필요한 금품도 제공하고 과거 바벨론의 느부갓네살 왕이 빼앗아 와서 보관하던 성전 기물들도 되돌려 주었다. 이 놀라운 조치는 오랫동안 예루살렘을 향해 기도하며 하나님을 바라보던 믿음의 사람들에게는 출애굽과 같은 해방의 소식이었다.

그런데 고레스 칙령은 강제적인 명령이 아니라 원하는 자들에게 허용된 것이었기에 모든 사람이 귀환하지는 않았다. 에스라 2장에는 1차로 귀환한 사람들의 인원을 종족별로 정확히 기록하고 있는데, 그 수가 4만 2360명이고, 남녀 종들이 7337명, 노래하는 남녀 200명, 합하면 4만 9897명이었다(스 2:64-65).

이들은 예루살렘에 도착하자마자 즉시 성전 재건부터 착수했다. 포로로 끌려간 하나님의 사람들은 바벨론 포로로 있을 때 예루살렘을 그리워하며 성전을 향해 기도했다. 성전 제사는 하나님과의 관계의 표현이고 신앙고백이었기 때문이다. 그들은 눈물을 흘리며 기뻐하며 성전 기초를 놓았다.

그런데 사마리아인들과 주변 민족들이 이를 환영할 리 없었다. 사마리아인들과 주변 민족들은 지속적으로 방해했다. 위협하기도 하고, 속이기도 하고, 페르시아 왕에게 거짓으로 상소문을 올리기도 하여 어떻게 하든지 성전 재건을 막으려 했다. 결국 성전 재건 사업은 중단된 채로 페르시아의 다리오 왕 2년에 이르게 되었다.

다리오 왕 2년, 성전 재건이 중단된 지 약 16년의 세월이 흐른 시점에 하나님께서는 학개와 스가랴 선지자를 보내셔서 중단된 성전 재건을 다시 시작하도록 하셨다.

에스라 5:1-2 선지자들 곧 선지자 학개와 잇도의 손자 스가랴가

> 이스라엘의 하나님의 이름으로 유다와 예루살렘에 거주하는 유다 사람들에게 예언하였더니 이에 스알디엘의 아들 스룹바벨과 요사닥의 아들 예수아가 일어나 예루살렘에 있던 하나님의 성전을 다시 건축하기 시작하매 하나님의 선지자들이 함께 있어 그들을 돕더니

스가랴 선지자는 학개 선지자와 동시대에 동일한 사명으로 사역한 선지자다. 16년간 방치해 두던 성전을 재건하여 하나님과의 관계를 회복하도록 하는 것이 이들의 사명이었다.

다리오 왕 2년 여섯 번째 달에 학개 선지자가 먼저 사역을 시작했다. 학개가 두 번의 메시지를 전한 후 이어서 스가랴가 첫 번째 메시지를 전한다. 또 스가랴의 메시지 후 학개가 다시 두 번의 메시지를 전한다. 이렇듯 학개와 스가랴가 서로 교차해서 메시지를 전하면서 사명을 완수한 것이다.

학개는 단도직입적으로 백성을 책망했다. "너희가 우선순위를 바꾸었다. 하나님의 전을 방치하고 너희 집을 짓기에 빨랐다. 성전을 건축하라"라는 분명한 메시지로 책망하며 회개를 도전했다.

스가랴도 학개와 마찬가지로 회개를 도전했지만 학개와는 달리 격려와 위로, 그리고 희망을 함께 전했다. 하나님께서는 스가랴를 통해 학개의 메시지를 더 풍성하게 보충하셨다.

환상들을 보여 주면서 성전 재건이 이루어질 것을 보여 주

고, 미래에 있을 이스라엘의 회복과 희망을 예언하고, 장차 오실 메시아를 통해 이루어질 하나님 나라를 예언함으로써 성전 재건 자체가 하나님 뜻의 전부가 아님을 가르쳐 주셨다. 하나님과의 내면적인 관계 회복이 이루어지지 않은 외형적인 성전 재건, 하나님 나라를 향하지 않은 성전 재건은 아무 의미가 없다는 것을 가르쳐 주신 것이다. 성전 재건 너머로 보이지 않는 하나님의 성전을 재건하는 것이 목표가 되어야 한다는 것이다.

결국 학개와 스가랴의 협동 사역으로 16년간 방치되었던 성전 재건이 다시 착수되어 주전 516년, 약 4년 만에 완공되었다.

> 에스라 6:14-15 유다 사람의 장로들이 선지자 학개와 잇도의 손자 스가랴의 권면을 따랐으므로 성전 건축하는 일이 형통한지라 이스라엘 하나님의 명령과 바사 왕 고레스와 다리오와 아닥사스다의 조서를 따라 성전을 건축하며 일을 끝내되 다리오 왕 제 육년 아달월 삼일에 성전 일을 끝내니라

성전 재건이 왜 미뤄졌는가?

스가랴가 전하는 말씀을 들은 이스라엘 백성은 포로에서 자발적으로 귀환한 사람들이었다. 바벨론에 그냥 남아 있던 사람들보다는 하나님을 더 사랑하고 고국을 사랑하던 사람들이라

할 수 있다. 그러나 어느 때부터인가 그들의 마음은 식었다. 귀환할 때의 뜨거운 열정이 사라졌다. 그래서 16년 동안이나 하나님과 상관없이 살아갔다.

신앙생활에서 무서운 것이 매너리즘이다. 매너리즘은 하나님을 모르는 사람들이 아니라 하나님을 사랑했던 사람들이 빠지는 형식적인 안일주의다. 매너리즘에 빠지면 두 가지 증상이 나타난다.

첫째는 종교적 망상에 빠진다. 단순히 종교적 의식에 참여하는 것으로 하나님과의 관계가 충족되었다는 상상에 빠지는 것이다. 하나님께서 원하시는 것은 마음이다. 마음이 없는 종교적 행위는 하나님께서 받지 않으신다.

둘째는 종교적 반항에 빠진다. 망상에 깊이 빠져 있다 보면 겸손과 순종이 사라지고 오만해져서 하나님께도 반항하게 된다. 말라기서에 보면 오만에 빠진 사람이 하나님께 반항하는 모습이 나온다. 하나님께서 너희 말로 인해 내가 괴롭다고 하시니까, "우리가 어떻게 여호와를 괴롭혀 드렸나이까?"(말 2:17)라고 대든 것이다.

포로에서 귀환할 때 그들의 최우선 순위는 하나님이었다. 그래서 성전을 재건하는 일에 최우선 순위를 두었다. 그런데 어느 순간부터 하나님이 우선순위에서 밀려나게 되었다. 외부의 방해도 있었지만 더 큰 방해는 그들의 식어지고 차가워진 마음이었다. 하나님의 나라와 그의 의를 구하기보다는 각기 자신의 나라와 자기의 이익을 구하느라 바빴다.

학개는 이들의 식어진 마음을 이렇게 지적하고 있다.

> 학개 1:2 만군의 여호와가 이같이 말하여 이르노라 이 백성이 말하기를 여호와의 전을 건축할 시기가 이르지 아니하였다 하느니라

'언젠가 내 믿음도 좋아질 날이 오겠지'라는 막연한 기대로는 결코 믿음이 좋아지지 않는다. 다른 모든 계획들은 신속하게 결정하고 철저하게 실행하면서 유독 믿음에 있어서 계속 연기하고 미루는 것은 매너리즘에 빠진 결과다. 결코 신앙은 연기되어서는 안 된다.

학개를 통해서는 "성전은 무너진 채로 남아 있는데 너희만 꾸며진 집에 살고 있을 때냐?"고 직접적으로 지적하셨지만, 스가랴를 통해서는 제일 먼저 던진 메시지가 "내게로 돌아오라" 즉 "회개하라"는 말씀이었다. 같은 내용이지만 접근법이 다르다.

성전은 왜 재건되어야 하는가?

> 스가랴 1:1-3 다리오 왕 제이년 여덟째 달에 여호와의 말씀이 잇도의 손자 베레갸의 아들 선지자 스가랴에게 임하니라 이르시되 여호와가 너희의 조상들에게 심히 진노하였느니라 그러므로

> 너는 그들에게 말하기를 만군의 여호와께서 이처럼 이르시되
> 너희는 내게로 돌아오라 만군의 여호와의 말이니라 그리하면
> 내가 너희에게로 돌아가리라 만군의 여호와의 말이니라

"너희는 내게 돌아오라, 내가 너희에게 돌아갈 것이다."

"돌아오라"는 말씀은 받아 주신다는 은혜의 초청이다. 하나님께서 함께하시고 싶다는 말씀이다. 현재 있는 자리가 하나님께서 원하시는 자리가 아니니 일어나 하나님께로 돌아가야 한다는 말씀이다.

스가랴는 하나님께서 먼저 원하시는 것은 성전이 복원되고 그것이 화려하게 꾸며지는 것이 아니라 백성이 회개하여 신실한 믿음으로 하나님께로 돌아오는 것임을 가르치고 있다. 백성 중에는 성전만 재건되면 모든 문제가 해결되리라고 믿는 사람들도 있었다. 그러나 성전을 재건하는 동시에 영적인 신앙의 재건이 이루어지지 않는다면 성전 재건은 오히려 지극히 어리석고 위험한 일이 되고 말 것이다.

"돌아오라"는 말씀을 주시면서 반복하여 덧붙인 말씀이 있다. 그것은 하나님을 '만군의 여호와'라고 강조하신 것이다. 스가랴 전체에서 53번이나 사용되었는데 1장 3절 한 구절에서만도 세 번이나 반복하셨다.

'만군의 여호와'라는 칭호는 하나님께서 이스라엘의 여호와이실 뿐 아니라 모든 세상을 전지전능하신 능력으로 다스리시

는 절대적인 통치자라는 것이다. 왜 "돌아오라"는 말씀을 이러한 칭호와 함께 주시는가?

회개는 선택 사항이 아니라 절대적인 명령이기 때문이다. 내가 생각해 보고 결정할 사항이 아니라 반드시 순종해야 할 명령이라는 것이다. 만일 이 명령에 순종하지 않는다면 '만군의 여호와'를 대적하는 자가 되는 것이다. 만군의 여호와를 자신의 대적으로 삼다니, 얼마나 위험한 일인가? 그분께 순종하고 그분과 친구가 되는 것이 지혜로운 일이 아닌가?

"내게로 돌아오라"는 말씀은 전혀 새로운 메시지가 아니다. 이미 오래전부터 하나님께서 예언자들을 통해 수없이 주신 메시지다. 그런데 하나님께서는 스가랴를 통해 오랫동안 반복하신 이 오래된 메시지를 새로운 시대의 사람들에게 또다시 주셨다.

그 이유는 바로 그들의 조상들이 이 단순한 메시지, 반복되는 메시지를 듣지 않아서 망했기 때문이다.

> 스가랴 1:4 너희 조상들을 본받지 말라 옛적 선지자들이 그들에게 외쳐 이르되 만군의 여호와께서 이같이 말씀하시기를 너희가 악한 길, 악한 행위를 떠나서 돌아오라 하셨다 하나 그들이 듣지 아니하고 내게 귀를 기울이지 아니하였느니라 여호와의 말이니라

회개하기 어려운 두 종류의 사람이 있다.

첫째는 자신은 회개할 필요가 없다고 생각하는 사람이다.

살아 있는 신앙을 가진 사람은 늘 듣던 말씀도 날마다 새롭게 듣고 그 말씀을 들을 때마다 회개한다. 그런데 자신은 회개할 필요가 없다고 생각하는 사람은 늘 반복되는 말씀은 지겹게 생각하고 듣지 않는다.

"너희는 악한 길과 악한 행위에서 돌아오라"라는 말씀을 들을 때 자신의 악한 모습을 떠올리며 회개하지 않고, "누군가 악한 사람이 회개해야지"라고 생각하고 넘어가는 사람, 바로 이 사람이 회개해야 할 사람이다.

불 속에 오랫동안 넣어 두었지만 녹지도 않고 정제되지도 않는 금속은 희망이 없다. 형식상 교회 안에 있지만 말씀과 성령 안에서 녹지도 않고 정제되지도 않는 사람은 회개가 필요한 사람이다.

둘째는 말씀과 성령, 그리고 양심에 거슬러 자주 죄를 짓는 사람이다.

성령님께서 자주 죄 짓지 말라고 말씀하시고 양심도 그렇게 하면 안 된다고 말하지만 거슬러 계속 죄를 짓다 보면 회개하기 어려운 상황에 이르게 된다.

욥기 24:13 또 광명을 배반하는 사람들은 이러하니 그들은 그 도리를 알지 못하며 그 길에 머물지 아니하는 자라

빛이 부족해서 죄를 짓는 것이 아니라 빛을 역행하고 거역하여 죄를 짓는 것이다. 양심의 빛에 역행하여 죄를 짓고 성령을 거역하는 데까지 나아가게 되면 회개하기가 어려워진다. 마태복음의 밭의 비유에서 단단해진 길가와 같은 마음이 되기 때문이다. 에스겔서 36장 26절에서는 그 마음이 돌같이 굳어졌다고 했다.

그러나 하나님께서 성령을 부어 주시고 돌이키면 회개할 수 있다. 돌아가고자 하면 하나님께서 돌이키도록 붙잡아 일으켜 주시기 때문이다. 성령님의 임재하심을 간구하며 나아가면 성령님께서 새롭게 단단한 마음을 부드럽게 바꾸어 주시며 회개의 역사를 경험하게 해 주신다.

어떻게 돌아올까?

성령님께서 함께하시는 회개는 6가지 요소로 이루어진다. 이 6가지 요소가 채워질 때 돌이켜 돌아올 수 있다.

첫째는 죄를 발견하는 것이다.

성령님께서 주시는 첫 번째 약은 안약이다. 요한계시록 3장

에서 성령님께서는 라오디게아 교회 성도들에게 "안약을 사서 네 눈에 바르라"고 말씀하셨다. 사람은 먼저 자신의 죄를 깊이 깨닫고 보지 않으면 회개할 수 없다. 회개하기 원한다면 이렇게 기도하며 시작하라.

"하나님! 제 눈에 안약을 발라 주십시오. 성령님! 제 눈을 떠서 나의 죄를 보게 하소서!"

둘째는 죄를 슬퍼하는 것이다.

여인이 산고의 고통 없이 아이를 낳을 수 없듯이 죄를 슬퍼하지 않는 회개는 열매 맺을 수 없다. 팔복에서 "애통하는 자가 복이 있다"고 하셨는데 이 애통은 죄에 대한 애통이다. 애통함이 회개를 일으킨다.

시편 51편 17절에서 "하나님께서 구하시는 제사는 상한 심령"이라고 하셨다.

시편 56편 8절에서는 "나의 눈물을 주의 병에 담으소서"라고 기도했는데 그냥 눈물은 말라 없어지지만 회개의 눈물은 하나님께서 병에 담으신다는 것이다.

이 슬픔은 죄로 인해 받을 형벌 때문에 슬퍼하는 것이 아니라 하나님 앞에서 지은 죄에 대하여 슬퍼하는 것이다. 도둑이 잡혔을 때 괴로워하는 것은 도둑질한 죄를 뉘우쳐서가 아니라 잡혀서 받을 형벌 때문인데 이 괴로움과 다른 것이다.

이 슬픔은 절망의 슬픔이 아니라 믿음의 슬픔이다. 믿음의 눈을 멀게 하는 슬픔이 아니라 믿음의 눈을 뜨게 하는 슬픔이다. 하나님께서 병에 담으시고 기억하시는 눈물이다.

셋째는 죄를 고백하는 것이다.

슬픔으로 눈에서 눈물이 나온다면 입에서는 고백이 나와야 한다. 살아 있는 생명은 결코 불순물을 먹지 못하고 토하게 되어 있다. 회개란 영혼이 불순물들을 토해 내는 것이다. 토하라고 말할 필요가 없다. 토하지 않고는 견딜 수가 없는 것이다.

> 잠언 28:13 자기의 죄를 숨기는 자는 형통하지 못하나 죄를 자복하고 버리는 자는 불쌍히 여김을 받으리라

죄를 숨기면 잘되지 못하지만 죄를 고백하고 끊는 사람은 자비를 얻고 불쌍히 여김을 받는다. 시편 기자는 자신의 죄를 고백하지 않고 숨겼을 때 어떻게 되었는지를 생생하게 고백한다.

> 시편 32:3-4 내가 입을 열지 아니할 때에 종일 신음하므로 내 뼈가 쇠하였도다 주의 손이 주야로 나를 누르시오니 내 진액이 빠져서 여름 가뭄에 마름같이 되었나이다

죄를 고백하지 않았을 때 뼈가 녹아내리고 원기가 다 빠져 버렸다는 것이다. 하나님 앞에서 또한 관계된 사람들 앞에서

죄를 고백함으로 용서 받음을 체험해야 양심의 자유를 얻고 건강도 회복될 수 있다.

넷째는 죄를 부끄러워하는 것이다.

인간이 짐승과 다른 것은 부끄러움을 느낀다는 것이다. 짐승들은 두려움도 느끼고 고통도 느끼지만 부끄러움은 느끼지 못한다. 짐승을 부끄럽게 만들 수는 없다. 그런데 죄 가운데 오래 있으면 점점 부끄러움을 잃어버리게 된다. 모든 회개에는 자신의 죄를 부끄러워하는 고백이 담겨 있다.

> 에스라 9:6 말하기를 나의 하나님이여 내가 부끄럽고 낯이 뜨거워서 감히 나의 하나님을 향하여 얼굴을 들지 못하오니 이는 우리 죄악이 많아 정수리에 넘치고 우리 허물이 커서 하늘에 미침이니이다

죄에 대하여 거룩한 수치심, 거룩한 부끄러움을 회복하자. 죄를 더 많이 부끄러워할수록 그리스도께서 다시 오실 때 그만큼 덜 부끄럽게 될 것이다.

다섯째는 죄를 미워하는 것이다.

죄를 미워하기 전까지는 결코 그리스도를 사랑하지 못한다.

죄를 혐오하기 전까지는 결코 천국을 사모하지 못한다.

죄는 미워하지 않으면 사랑하고 있는 것이다. 죄를 미워하고 대적하지 않으면 죄는 피할 수 없을 것이다.

고난은 우리의 몸을 힘들게 하지만 하나님의 사랑을 더 받게 한다. 그러나 죄는 몸은 편하게 하지만 영혼을 빼앗아 가고 하나님의 사랑을 받지 못하게 한다.

여섯째는 죄에서 돌이키는 것이다.

죄를 멀리 버리는 것이다. 이는 마음속에서 일어난 결심이 생활 속에서 변화로 나타나는 것으로 알 수 있다. 바울이 독사에 물렸을 때 떼어 내 불 속에 떨어뜨리듯이 죄를 멀리 버리는 것이다.

에스겔 33:11 너는 그들에게 말하라 주 여호와의 말씀이니라 나의 삶을 두고 맹세하노니 나는 악인이 죽는 것을 기뻐하지 아니하고 악인이 그의 길에서 돌이켜 떠나 사는 것을 기뻐하노라 이스라엘 족속아 돌이키고 돌이키라 너희 악한 길에서 떠나라 어찌 죽고자 하느냐 하셨다 하라

하나님은 우리의 피보다 우리가 흘리는 회개의 눈물을 더 원하신다. 우리가 죽는 것보다 사는 것을 기뻐하신다.

만일 우리가 하나님께로 돌아간다면 하나님께서 우리에게로 돌이키실 것이다. 그의 분노를 우리에게서 돌이키실 것이고, 그

의 얼굴을 우리에게로 돌이키실 것이다. 우리와 원수되셨던 분이 우리의 친구로 돌이키실 것이다.

그러나 많은 사람들은 돌이킬 수 있을 때 돌이키지 않아 심판을 받는다.

이스라엘의 조상들은 돌아올 수 있는 시간이 주어졌을 때 듣지 않고 귀 기울이지 않아 심판을 받았다. 그리고 하나님의 말씀대로 심판이 이루어진 뒤에야 뒤늦게 회개했다.

> 스가랴 1:5-6 너희 조상들이 어디 있느냐 또 선지자들이 영원히 살겠느냐 내가 나의 종 선지자들에게 명령한 내 말과 내 법도들이 어찌 너희 조상들에게 임하지 아니하였느냐 그러므로 그들이 돌이켜 이르기를 만군의 여호와께서 우리 길대로, 우리 행위대로 우리에게 행하시려고 뜻하신 것을 우리에게 행하셨도다 하였느니라

"보라 지금이 은혜받을 만한 때"라고 하셨다. 그러나 은혜받을 만한 때가 끝나는 날이 올 것이다. 복음의 날, 생명의 날이 끝날 때가 올 것이다. 그래서 지금 당장 회개함으로 하나님께로 돌아와야 한다.

지금은 회개하고 회복할 수 있는 때다. 언젠가 은혜의 시대가 끝나면 돌이켜도 받아들여지지 않을 때가 온다. 그때 뒤늦은 후회를 하지 않도록 지금 돌이켜야 한다.

회개하지 않고 오래 끌면 끌수록 더 위험하다. 방금 심은 나무는 쉽게 뽑히지만 뿌리를 깊이 내리면 뽑기 어렵다. 얼음도 오래 얼릴수록 깨뜨리기가 어렵다. 마찬가지로 사람이 죄와 안일 속에 오래 얼어붙어 있을수록 그 마음은 깨어지기 어렵다.

더 속히 회개할수록 더 적은 죄를 책임지게 될 것이다. 십자가상의 강도는 구원은 받았지만 사도 바울처럼 크게 쓰임 받지는 못하였다. 속히 회개할수록 하나님께 쓰임 받고 하나님께 영광이 될 것이다.

02 

내가 다시 돌아가리라

스가랴 1:7-17

가끔 고속도로를 타고 여행할 때 출구를 잘못 선택해서 길을 잘못 들어설 때가 있다. 도로계획이 잘된 국가에서는 길을 잘못 선택한 사람들이 원하지 않는 길에서 빨리 되돌아올 수 있는 구조로 도로를 계획한다. 언젠가 길을 잘못 들었다가 다시 되돌아오면서 이런 생각을 해 보았다. '우리의 삶이 이렇게 빨리 실패에서 되돌아와 회복될 수 있다면 얼마나 좋을까.'

회복을 경험하기 위해서는 회개가 있어야 한다. 회개란 가던 길에서 돌이키는 것이다. 내가 지금 가고 있는 길이 잘못된 길이고 돌이켜야 한다는 것을 깨닫고 가던 길에서 돌이키는 회개가 있어야 회복이 일어난다.

하나님께서는 이스라엘 백성의 회복을 원하셨다. 그래서 먼저 스가랴 선지자를 통해 "내게로 돌아오라"고 말씀하셨다.

1차 포로 귀환 때 귀환한 백성은 하나님께 회개하고 다시 돌아가야 하는 상태에 있었다. 그들은 예루살렘에 돌아오자마자 성전 재건부터 시작했다. 성전 기초도 놓았다. 그런데 외부의 방해로 인해 성전은 기초만 놓인 채 재건이 중단되어 16년 동안이나 방치되었다. 방치된 성전은 그들의 신앙이 방치된 것을 의미했다. 하나님과의 관계보다 다른 것들을 더 중요하게 여기고 살았음을 의미했다.

학개 선지자는 당시 이스라엘에 하늘이 이슬 내리기를 그쳤고 땅이 열매 내기를 멈추었다고 지적하였는데 이는 그들이 현재 올바른 상태가 아니라는 것을 깨닫게 해 주시기 위해 하나님께서 축복을 거두셨기 때문이다.

하늘에서 이슬이 내리지 않고 땅에서 열매가 없을 때 우리는 삶의 우선순위가 뒤바뀌지 않았나 돌아보아야 한다. 열심히 살았지만 하나님과는 전혀 상관없이 욕심을 위해 열심히 살지는 않았는지 되돌아보아야 한다. 다른 사람에게 해를 끼치는 악을 행하며 살지는 않았지만, 하나님을 신뢰하지 않는 교만의 악을 행하며 살지는 않았는지 되돌아보아야 한다.

성전 재건이 중단된 표면적인 이유는 외부 민족들의 방해였지만 실제적인 이유는 이스라엘 백성이 우선순위를 뒤바꾼 데 있었다. 아직 여호와의 집을 지을 때가 아니라는 핑계를 대면서 하나님에 대한 관심에서 자신에 대한 관심으로 돌아섰기 때문이다. 그들의 몸은 예루살렘에 돌아왔지만 마음은 아직 돌아오지 않은 것이다. 그래서 하나님은 그들에게 "내게로 돌아오라"고 말씀하신 것이다.

학개 선지자는 책망과 지적을 통해 하나님께 돌아오도록 촉구하였지만, 스가랴 선지자는 위로와 격려를 통해 하나님께 돌아오도록 촉구하였다.

학개 선지자를 통해서는 성전을 재건하라는 명령을 주셨지만, 스가랴 선지자를 통해서는 성전 재건은 반드시 이루어질 것이라는 소망을 주셨다.

학개 선지자는 눈에 보이는 성전 재건을 위한 메시지에 집중하였지만, 스가랴 선지자는 눈에 보이지 않는 하나님의 성전 재건 곧 하나님과 그의 백성의 관계 회복에 더 집중하였다.

하나님은 왜 환상을 주시는가?

스가랴 선지자는 8개의 환상을 통해 하나님의 백성을 위로하고 격려한다. 이 환상들은 믿음을 잃어버리고 실망과 낙심에 빠져 있는 백성에게 하나님께서 그들과 함께하고 계심을 보여주며 위로하는 내용들이다.

스가랴 1:7 다리오 왕 제이년 열한째 달 곧 스밧월 이십사일에 잇도의 손자 베레갸의 아들 선지자 스가랴에게 여호와의 말씀이 임하니라

다리오 왕 2년 열한째 달은 첫 번째 메시지가 주어진 지 3개월 후, 그리고 스밧월 24일은 성전 재건이 시작된 지 5개월이 된 날이다. 이날 밤 하나님께서는 스가랴에게 8개의 환상을 연달아 보여 주심으로써 낙심한 백성을 위로하고 격려하셨다.

하나님께서 환상을 통해 말씀하신 이유는 사람들이 현실의 경험만 믿으려 하기 때문이다. 사람들은 대개 현실적인 판단으로 이루어질 수 없는 것은 하나님의 뜻이 아니라고 단정한다. 당시 사람들이 보기에, 예루살렘 성전이 재건되고 회복되어 자신들이 다시 하나님의 영광을 드러내는 백성이 된다는 것은 도무지 현실적이지 않았을 것이다. 그래서 하나님께서는 그냥 말씀만 주시지 않고 환상을 통해 회복은 반드시 이루어질 것이라는 위로와 소망을 주신 것이다.

하나님께서는 오늘날에도 환상을 통해 말씀하실 수 있다.

요엘서에서 모든 사람에게 하나님의 영을 부어 주겠다고 하시면서, 자녀들은 예언하고, 노인들은 꿈을 꾸며, 젊은이들은 환상을 보게 될 것이라고 하셨다. 그리고 사도행전 2장에서 그 예언이 이루어졌고, 사도행전적인 삶을 사는 성도들을 통해 오늘날에도 이루어지고 있다.

그렇다면 하나님께서 왜 나에게는 환상을 보여 주시지 않는가라고 질문할 수 있다. 신약시대에 환상은 성령님께서 복음을 전하시는 과정에서 나타났다. 베드로에게 하늘에서 내려오는 바구니 환상을 보여 주셔서 율법의 틀에서 벗어나도록 하셨고, 바울에게 마게도냐 사람이 나타나 '건너와 우리를 도우라'고 한 환상을 통해 그의 갈 길을 인도하셨다. 만일 우리가 복음이 전해지는 일에 헌신하고 복음과 함께 고난받는 삶을 살아간다면 하나님께서는 환상을 통해 우리를 격려하실 것이다. 교회 역사적으로 복음과 함께 핍박받는 성도들에게 하나님은 환상을 통해 격려해 주셨다. 단지 특이한 경험을 하고 싶어서 환상을 보여 달라고 한다면 자칫 잘못된 신비주의에 빠질 위험이 크다.

꿈과 환상이 다른 것은 꿈은 의식 없이 자고 있을 때 주어지는 것이고, 환상은 의식을 가지고 깨어 있을 때 보여 주시는 것이다. 이렇게 기도하라. "내가 잘 때는 하나님의 꿈을 꾸고, 내가 깨어 있을 때는 하나님의 환상을 보게 하소서."

나는 전능한 하나님이다

본문은 스가랴 선지자가 첫 번째 본 환상이다.

이 환상을 명확히 이해하기 위해서 세 장면으로 나누어 볼 수 있다.

환상의 첫 번째 장면은 붉은 말을 타고 화석류나무들 사이에서 있는 사람을 본 것이다.

> 스가랴 1:8-10 내가 밤에 보니 한 사람이 붉은 말을 타고 골짜기 속 화석류나무 사이에 섰고 그 뒤에는 붉은 말과 자줏빛 말과 백마가 있기로 내가 말하되 내 주여 이들이 무엇이니이까 하니 내게 말하는 천사가 내게 이르되 이들이 무엇인지 내가 네게 보이리라 하니 화석류나무 사이에 선 자가 대답하여 이르되 이는 여호와께서 땅에 두루 다니라고 보내신 자들이니라

붉은 말을 타고 화석류나무들 사이에 있는 사람은 하나님의 천사다. 이 천사 뒤로 붉은 말과 자줏빛 말 그리고 흰색 말이 있다. 스가랴가 이 광경을 보고 환상 속에서 질문을 한다. 스가랴가 본 환상의 특징은 환상과 실제가 서로 교통할 수 있다는 것이다.

"이것이 무엇입니까?" 스가랴의 질문에 천사가 대답한다. "이것들이 무엇인지 보여 주겠다." 그러자 이번엔 화석류나무 사이에 서 있는 사람이 대답한다. "이것들은 땅에 두루두루 돌아다니라고 여호와께서 보내신 것들이다."

이 환상에 말들이 나온 이유는 하나님께서 세상의 상황에 대하여 무관심하게 가만히 계시지 않고 세상의 모든 상황을 감찰

하고 계신다는 것을 의미한다.

특히 하나님의 백성이 겪는 모든 상황을 살피시는 분임을 강조한다. 페르시아 왕들이 페르시아 제국과 관련된 모든 일을 신속히 전달받기 위해 빠른 말을 탄 사자들을 사용한 것처럼, 하나님께서는 지상의 모든 나라의 일들을 지켜보고 계신다.

여러 색깔의 말들이 나오는데 색깔별로 어떤 의미를 찾는 것은 무의미하다. 세상의 모든 상황을 살피기 위해 다양한 영역에서 다양한 임무를 띤 하나님의 종들이라는 것을 이미지로 보여 준 것뿐이다.

성전을 재건하려는 그들의 노력이 외부의 방해로 수포로 돌아갔을 때 이스라엘 백성은 하나님께서 과연 일하고 계신지, 이 모든 상황을 알고 계신지 의심이 들었을 것이다. 성전 재건이 중단된 지 16년이 되었을 무렵에는 하나님께서 살아 계시지 않은 것이 아닌가라는 불신앙마저 들었을지도 모른다.

우리의 믿음이 약해질 때 제일 먼저 찾아오는 의심은 '하나님께서 이 모든 상황을 과연 알고 계시는가?'이다. 거짓이 승리하고 악이 지배하는 것 같은 세상을 보면서 우주를 지배하신다는 하나님께서 모든 상황을 모르시는 것 같고 때로 하나님의 보좌가 비어 있는 것처럼 보일 때가 있다. 그래서 '하나님께서 아신다면 왜 그냥 가만히 계시는가'라는 의문을 갖게 된다.

사도 요한은 밧모 섬에 갇혀 홀로 외롭게 고난당하면서도 계시록에 이렇게 힘찬 찬송을 써 놓았다.

요한계시록 19:6 할렐루야 주 우리 하나님 곧 전능하신 이가 통치하시도다

하나님은 여전히 보좌에 앉아 통치하고 계신다. 하나님은 결코 원수에게 세상을 내어 주시지 않았다. 세상의 많은 일이 하나님의 뜻과 어긋나게 돌아가고 있지만 그 모든 영역도 여전히 하나님 손안에 있다. 하나님이 침묵하시는 것 같고 일하시지 않는 것 같은 때에도 하나님께서 여전히 일하고 계심을 믿으라.

하나님께서는 의심과 낙심 속에 빠져 있는 백성에게 이 환상을 통해 이렇게 말씀하시는 것이다.

"나는 모든 상황을 감찰하고 있고 모든 상황을 움직이며 다스리고 있다."

"나는 여전히 세상을 통치하고 있다."

유의할 것은, 환상 속에서 말들을 보내 두루두루 살피라고 명령하셨다는 것이 하나님께서 천사들이 소식을 알려 주어야 비로소 모든 사정을 알게 된다는 뜻은 아니다. 하나님께서는 사실 천사들을 보내실 필요가 없다. 천사들이 소식을 알아 오기 전에 벌써 모든 것을 알고 계신다. 그분께 가려진 세상의 일이란 하나도 없다. 그분은 전지전능하신 분이다.

하나님께서 말들을 사방에 보내시는 것으로 보여 주신 것은, 하나님 당신에게 필요해서가 아니라, 오히려 하나님께서 얼마나 우리 인간의 모든 사건에 대하여 깊은 관심과 애정을 가지

고 살피시는지를 우리에게 알려 주시려는 것이다.

말 탄 사람이 서 있는 곳은 화석류나무 사이였다. 화석류나무는 원어로 '하다스'라고 불리는 나무로서 이스라엘 백성이 초막절을 지킬 때 초막을 짓는 네 가지 나무 중 하나다.

이 나무는 새로운 생명, 새로운 시작을 상징하는 나무다. 가지를 꺾어도 이틀까지 싱싱하게 살아 있고, 죽은 것처럼 보여도 물에 꽂으면 다시 살아난다. 그래서 유대인들은 화석류나무를 아주 기분 좋은 나무로 여겨서 꿈속에 이 나무가 나타나면 좋은 일을 기대한다고 한다. 새로 개업한 상가를 방문할 때도 이 하다스를 선물한다고 한다.

에스더의 히브리식 이름인 하닷사는 이 명칭과 같은 것이다. 유대 민족의 생명을 구원하는 여인의 이름으로 너무나 적합한 이름이다. 따라서 이 하다스가 환상 가운데 나타났다는 것 자체가 이스라엘 백성에게 얼마나 위로와 격려가 되는지 모른다. 하나님께서 환상으로 하다스 나무를 보여 주심으로써 이렇게 말씀하시는 것이다.

"너희들은 새롭게 시작될 것이다. 회복될 것이다. 나는 너희를 향한 기대를 버리지 않고 있다. 너희를 통해 새로운 일을 시작할 것이다."

여러분의 꿈과 환상 속에도 이 하다스 나무가 보여 새로운 시작의 징조가 보이기를 바란다.

환상의 두 번째 장면은 땅에 두루 돌아다닌 말들이 나무 사이에 서 있는 천사에게 보고하는 내용이다.

> 스가랴 1:11-12 그들이 화석류나무 사이에 선 여호와의 천사에게 말하되 우리가 땅에 두루 다녀 보니 온 땅이 평안하고 조용하더이다 하더라 여호와의 천사가 대답하여 이르되 만군의 여호와여 여호와께서 언제까지 예루살렘과 유다 성읍들을 불쌍히 여기지 아니하시려 하나이까 이를 노하신 지 칠십 년이 되었나이다 하매

땅에 두루 돌아다닌 말들이 나무 사이에 서 있는 천사에게 보고한다. 여기서 여호와의 천사는 삼위일체 제2위이신 성자 예수님이시다. 온 땅이 조용하고 평안하다는 보고에 성자 예수님께서 하나님께 탄원한다. "만군의 여호와여 여호와께서 언제까지 예루살렘과 유다 성읍들을 불쌍히 여기지 아니하시려 하나이까 이를 노하신 지 칠십 년이 되었나이다." 천사는 하나님께서 예레미야를 통해 주신 회복의 약속을 상기시키고 있다. 70년 후에는 포로에서 돌이키신다는 약속이다. 하나님의 약속대로라면 이렇게 예루살렘과 열국의 모습이 대조적이 되어서는 안 된다는 것이다.

온 땅이 조용하고 평안하다는데 왜 여호와의 천사가 하나님께 탄원하는가? 천사는 안타까운 것이다. 예루살렘은 아직 황폐하고 성전은 아직 방치되어 있는데 예루살렘을 황폐하게 만든 열국들이 평안하다는 것에 의로운 분노가 일어난 것이다.

이러한 상황은 하나님의 백성에게는 의심과 실망이 되고 대적들에게는 더 교만해도 되는 것으로 받아들여진다. 무엇보다 하나님의 약속과 모순되는 것처럼 보이는 상황이다. 그래서 여호와의 천사가 백성을 대신하여 하나님께 탄원하고 있다. 그런데 여기서 대적들이 '조용하고 평안하다'는 하나님의 뜻 가운데서 누리는 평안함을 의미하지 않는다. 거짓되고 거만하게 평안한 척하는 것을 의미한다. 15절의 "안일한 여러 나라들"에서 '안일'은 교만한 마음에서 '거짓된 평안'을 누리는 상태를 말한다. 이스라엘도 멸망하기 전 이러한 거짓된 평안을 누리고 있었다.

> 예레미야 8:11 그들이 딸 내 백성의 상처를 가볍게 여기면서 말하기를 평강하다, 평강하다 하나 평강이 없도다

종교개혁자 장 칼뱅은 이러한 상태를 가리켜 "저주받은 행복"이라고 표현했다. 하나님의 질서를 따라 누리는 평안이 아니라 하나님의 질서를 파괴하며 죄악 가운데 누리는 일시적인 안일함이기 때문이다.

이스라엘의 역사보다 더 더럽고 추악한 역사를 가진 다른 나

라들이 하나님의 심판을 받지 않고 조용하고 평안한 가운데 있는 것은 믿음에 큰 시험이 된다. 나보다 더 악한 사람은 아무 일 없이 평안하게 잘 지내는데, 그보다 훨씬 더 나은 내가 어떤 문제로 하나님께 징계를 받았다면 당연히 믿음의 시험에 들지 않겠는가? 그러나 나보다 악한 악인들이 평안하다고 해서 부러워하지 말라.

하나님께서는 이들의 악한 안일함에 대하여 진노하신다고 하셨다.

> 스가랴 1:15 안일한 여러 나라들 때문에 심히 진노하나니 나는 조금 노하였거늘 그들은 힘을 내어 고난을 더하였음이라

하나님께서는 자기 백성을 징계하시려 한 것인데, 다른 나라들이 그들의 악함 때문에 지나치게 잔인하게 그들을 괴롭혔다고 성경은 말하고 있다. 하나님께서는 하나님의 뜻을 벗어나 자신들의 악함으로 예루살렘을 지나치게 고통스럽게 한 그들에 대하여 심판하실 것을 말씀하셨다.

하나님은 살아 계신다. 모든 것을 통치하고 계신다. 악인들의 안일함과 거짓된 평안을 깨뜨리시고 심판하실 것이다.

환상의 세 번째 장면은 이 환상에서 가장 감동적인 부분이다. 하나님께서 천사에게 은혜로운 위로의 말씀을 전하시는 내용이다.

> 스가랴 1:13-14 여호와께서 내게 말하는 천사에게 선한 말씀, 위로하는 말씀으로 대답하시더라 내게 말하는 천사가 내게 이르되 너는 외쳐 이르기를 만군의 여호와의 말씀에 내가 예루살렘을 위하며 시온을 위하여 크게 질투하며

천사를 통해 주신 하나님의 위로의 말씀은 하나님께서 예루살렘과 시온을 너무너무 사랑하신다는 것이다. '질투하신다'는 곧 '너무나 열정적으로 사랑하신다'는 뜻이다. 하나님은 예루살렘을 너무너무 사랑해서 어떻게 하셨는가? 그들의 죄를 그냥 봐주지 않고 심판하셨다. 하나님의 사랑은 거룩하신 사랑이기 때문이다. 공의로운 사랑이기 때문이다.

그들이 바벨론에 포로로 끌려가는 심판을 받은 것은 하나님께서 그들을 너무너무 사랑하셨기 때문이다. 심판의 과정을 통해 그들의 죄악을 고치시는 것이 하나님의 사랑인 것이다. 하나님께서는 포로로 끌려가는 이스라엘 백성을 고쳐 주시겠다고 약속하셨다. 고치시는 프로그램이 포로 생활이었던 것이다.

예레미야 30:17 여호와의 말씀이니라 그들이 쫓겨난 자라 하매 시온을 찾는 자가 없은즉 내가 너의 상처로부터 새 살이 돋아나게 하여 너를 고쳐 주리라

예레미야 33:6-9 그러나 보라 내가 이 성읍을 치료하며 고쳐 낫게 하고 평안과 진실이 풍성함을 그들에게 나타낼 것이며 내가 유다의 포로와 이스라엘의 포로를 돌아오게 하여 그들을 처음과 같이 세울 것이며 내가 그들을 내게 범한 그 모든 죄악에서 정하게 하며 그들이 내게 범하며 행한 모든 죄악을 사할 것이라 이 성읍이 세계 열방 앞에서 나의 기쁜 이름이 될 것이며 찬송과 영광이 될 것이요 그들은 내가 이 백성에게 베푼 모든 복을 들을 것이요 내가 이 성읍에 베푼 모든 복과 모든 평안으로 말미암아 두려워하며 떨리라

우리를 너무너무 사랑하시는 하나님은 때로 우리를 고치기 위해 우리를 징계하고 심판하신다. 그러므로 아무리 죄를 짓고 악행을 해도 징계의 심판이 없다면 그것은 버림받았다는 증거다.

하나님께서는 때로 우리의 실패를 바꾸어 새로운 시작의 기회로 만드신다.

죽음은 인간의 죄로 말미암은 하나님의 심판이다. 그런데 죽음은 동시에 하나님께서 인간을 치료하시는 도구다.

헨리 나우엔은 "죽음은 하나님께서 주신 가장 큰 선물"이라

고 말했다. 어떻게 죽음이 가장 큰 선물이 될 수 있는가? 그는 이렇게 설명한다. 만일 인간에게 죽음이 없다면 인간은 하나님과 단절된 상태로, 영적으로 죽은 상태로 영원히 살았을 것이고, 새로운 생명을 얻을 기회도 얻지 못했을 것이라는 이야기다. 하나님은 죄에 대한 대가로 인간을 죽게 하심으로써 인간이 영적으로 죽어 있는 상태로 영원히 살게 하지 않고, 죽음으로 죽은 인생을 마감하게 하셔서 영원한 생명을 살게 하셨다는 것이다. 결국 죽음은 하나님께서 주신 두 번째 기회인 것이다. 죄 가운데 있는 인간을 치료하시고 회복시키시는 하나님의 사랑의 도구인 것이다.

사랑은 포기하지 않는다. 그래서 하나님께서는 자비한 마음으로 예루살렘을 포기하지 않고 다시 예루살렘으로 돌아가서 회복시키실 것이라고 말씀하신다.

> 스가랴 1:16-17 그러므로 여호와가 이처럼 말하노라 내가 불쌍히 여기므로 예루살렘에 돌아왔은즉 내 집이 그 가운데에 건축되리니 예루살렘 위에 먹줄이 쳐지리라 만군의 여호와의 말이니라 그가 다시 외쳐 이르기를 만군의 여호와의 말씀에 나의 성읍들이 넘치도록 다시 풍부할 것이라 여호와가 다시 시온을 위로하며 다시 예루살렘을 택하리라 하라 하니라

16-17절에서 반복되는 단어를 주목하라.

먼저 '만군의 여호와의 말씀'이라는 것을 거듭 강조한다. 온 땅을 통치하시는 하나님의 말씀이 반드시 이루어질 것임을 강조하고 있다.

그리고 예루살렘을 가리켜 '내 집, 내 성읍'이라고 거듭 강조하신다. 그냥 성전이 아니라 하나님의 성전이고, 그냥 성읍이 아니라 하나님의 성읍이라는 것이다. 하나님의 소유이고 하나님께서 보호하시고 하나님께서 돌보시는 성읍이다.

마지막으로 '다시'라는 단어가 거듭 강조된다. '다시' 내 성읍들이 넘치도록 잘살게 되고, '다시' 여호와께서 시온을 위로하고, '다시' 예루살렘을 선택할 것이다.

'다시'는 은혜와 같은 말이다. 은혜에는 언제나 '다시'가 있다. 은혜 안에서는 언제나 다시 시작할 수 있는 길이 있다.

은혜로우신 하나님께서는 예루살렘을 다시 선택하셔서 그 안에 성전을 지으시고, 그 성읍이 넘치도록 잘되게 하실 것이라고 하신다.

그러나 누군가는 현실은 그렇지 않다고 말할 것이다.

예루살렘의 현실이 어떤가? 성읍은 여전히 황폐했고 성전 재건은 요원하기만 한 것 같고, 백성은 버림받은 것 같았다.

그러나 하나님께서 다시 선택하신다면, 하나님께서 다시 위로하신다면, 그 성읍의 현실이 어떠하든 성읍은 다시 회복되고 잘 살게 될 것이며 하나님의 성전은 재건될 것이다.

현실의 어려움이 너무 커서 도저히 회복될 것 같지 않은가?

그렇다면 이 환상을 믿음으로 붙잡으라. 그 현실의 어려움이 죄로 말미암은 하나님의 징계였을지라도 하나님께서 여러분을 너무너무 사랑하신다는 사실을 믿으라. 그리고 하나님께서 자비하신 은혜로 여러분의 삶과 가정에 영적인 성전을 다시 지으시고 회복시켜 주실 것을 믿으라.

교만의 뿔을 꺾으리라

스가랴 1:18-21

하나님께서는 실패와 좌절 가운데 있는 하나님의 백성을 회복시키시는 분이다. 회복의 하나님이시다. 이때 우리에게 필요한 것은 회개다. 하나님께로 돌아가는 것이다. 하나님께서는 백성의 회복을 위해 환상을 보여 주셨다. 합리적인 이성을 무시하는 것은 하나님의 형상대로 인간을 창조하신 하나님을 무시하는 것이다. 그러나 이성으로만 하나님의 역사를 판단하는 것은 더욱 하나님을 무시하는 것이다. 현실성 없는 신비주의는 그릇된 것이다. 그러나 현실을 뛰어넘는 하나님의 신비하심을 받아들이지 않는 것은 더 그릇된 것이다.

스가랴 1장 18-21절은 스가랴를 통해 주신 여덟 개의 환상 중 두 번째 환상을 그리고 있다. 두 번째 환상이 의미하는 바는 매우 분명하다. 하나님의 백성을 흩어 버리고 괴롭힌 주변 열국들을 하나님께서 심판하시겠다는 것이다.

첫 번째 환상에서 하나님은 '예루살렘과 시온을 너무너무 사랑한다'고 위로하시면서 동시에 '안일을 즐기는 다른 여러 나라들로 인해 몹시 화가 난다'고 말씀하셨다.

당시 하나님의 백성은 아직 연약하여 국가로서 회복되지도 못했을 뿐 아니라 성전은 기초만 놓은 채 방치되어 있었고, 성읍은 성벽도 없이 무방비 상태로 있었다. 그러나 이스라엘을 그렇게 만든 다른 여러 나라들은 안일하게 거짓된 평안을 누리고 있었다. 하나님께서는 하나님의 백성에게 '너무너무 사랑한다'는 위로의 말씀을 주시면서 안일을 즐기는 여러 나라들에 대하여 진노하신다고 말씀하셨다.

두 번째와 세 번째 환상은 이 첫 번째 환상에서 말씀하신 이 두 가지 말씀이 구체적으로 실행되는 환상이다. 안일을 즐기는 다른 나라들에 대한 진노는 두 번째 환상에서 그 심판이 실행되는 장면으로 구체적으로 보여 주셨고, 예루살렘과 시온을 너무너무 사랑하신다는 위로의 말씀은 세 번째 환상에서 예루살렘이 다시 번성해지고 확장되는 환상으로 구체화되었다.

하나님의 사랑도 구체적인 사랑이고, 하나님의 진노도 구체적인 진노다. 하나님의 사랑과 진노는 말뿐인 사랑, 말뿐인 진노가 아니라 역사 속에 구체적으로 반드시 실행되고 나타난다.

두 번째 환상의 내용은 이렇다. 스가랴가 눈을 들어 보니 네 개의 뿔이 보여서 천사에게 "이것들이 무엇입니까"라고 질문하니 "이것들은 유다와 이스라엘과 예루살렘을 흩어 버린 뿔들이다"라고 해석해 주었다.

그때 하나님께서 "네 명의 대장장이"를 보여 주셨다. 또다시 스가랴가 "이들은 무엇을 하러 왔습니까?"라고 묻자 천사가 아니라 하나님께서 직접 대답해 주셨다.

> 스가랴 1:21 내가 말하되 그들이 무엇하러 왔나이까 하니 대답하여 이르시되 그 뿔들이 유다를 흩뜨려서 사람들이 능히 머리를 들지 못하게 하니 이 대장장이들이 와서 그것들을 두렵게 하고 이전의 뿔들을 들어 유다 땅을 흩뜨린 여러 나라의 뿔들을 떨어뜨리려 하느니라 하시더라

네 개의 뿔들을 네 명의 대장장이가 꺾어 버리겠다는 것이다. 뿔은 성경에서 언제나 힘과 권세를 상징한다. 어떤 동물의 뿔인지를 밝히지 않은 것은 뿔이라고만 해도 충분히 그 의미가 전달되기 때문이다.

 뿔이 힘과 권세를 상징한다고 해서 반드시 부정적인 의미로

만 사용된 것은 아니다. 시편 18편 2절에서는 하나님을 가리켜 "나의 구원의 뿔"이라고 표현했고, 시편 92편 10절에서는 "주께서 내 뿔을 들소의 뿔같이 높이셨으며 내게 신선한 기름을 부으셨나이다"라고 고백했다.

힘과 권세 자체가 악한 것은 아니다. 그 힘과 권세가 어떻게 사용되는가가 중요하다. 하나님께 영광스럽게 쓰임 받는 뿔은 하나님께서 힘과 권세를 주셔서 높이시는 뿔이다. 하나님께서 여러분의 구원의 뿔이심을 경험하며, 하나님께서 여러분의 뿔을 들소의 뿔처럼 높여 주시기를 바란다.

그러나 스가랴가 환상 중에 본 뿔은 시편 기자가 고백한 뿔과 어떻게 다른가?

21절 전반부에서 이렇게 해석해 주신다. "이 뿔들은 유다를 흩어지게 해서 그 백성 누구도 자기의 머리를 들지 못하게 만든 나라들이다."

19절에서 유다와 이스라엘과 예루살렘을 흩어 버린 뿔들이라고 했으니, 이 나라들은 앗시리아와 이집트, 바벨론, 메대-페르시아 등으로 볼 수 있다. 어떤 사람은 조금 후대로 보아 다니엘서 2장과 7장에 나오는 네 개의 왕국, 즉 바벨론, 메대-페르시아, 그리스, 로마로 보기도 한다.

어쨌든 이 뿔들은 좁은 의미로는 당시 하나님의 백성을 무너뜨리는 나라들로 해석되지만, 넓은 의미로는 오고 오는 모든 시대에 하나님의 백성을 무너뜨리고 흩어 버리는 세력들로 해석된다.

21절 후반부의 "뿔들을 들어 유다 땅을 흩뜨린 여러 나라"에서 뿔을 들었다는 것은 힘과 권세가 자신의 교만으로 남용되었다는 것을 의미한다. 하나님께서 높여 주시는 뿔이 아니라 스스로 자신을 높여 악한 목적으로 힘과 권세를 남용했다는 것이다.

> 시편 75:4-7 내가 오만한 자들에게 오만하게 행하지 말라 하며 악인들에게 뿔을 들지 말라 하였노니 너희 뿔을 높이 들지 말며 교만한 목으로 말하지 말지어다 무릇 높이는 일이 동쪽에서나 서쪽에서 말미암지 아니하며 남쪽에서도 말미암지 아니하고 오직 재판장이신 하나님이 이를 낮추시고 저를 높이시느니라

혹 거만하게 살고 있는 분이 있다면 하나님께서 이렇게 말씀하심을 기억하라. "바보처럼 굴지 말라." 교만하게 사는 것은 바보처럼 사는 것이다. 교만한 바보는 아무도 못 고친다. 두들겨 맞고 깨지는 방법밖에 없다. 하나님께서 그 교만의 뿔을 꺾으실 때는 아주 아프다. 힘과 권세가 하나님께 드려지면 수많은 사람을 살리는 도구가 되지만 스스로 자신을 높여 교만하여져서 다른 사람들을 괴롭히는 뿔이 되면 하나님께서 결코 간과하지 않으신다. 반드시 꺾으시고 심판하신다.

따라서 이스라엘을 흩어 버린 열방의 힘과 권세는 뿔을 들어 올린 교만한 힘과 권세였다. 한때 하나님께서 이들을 하나님의

백성을 심판하는 도구로 사용하셨다. 그러나 그렇게 쓰임 받는 것은 영광스럽게 쓰임 받은 것이 아니다.

쓰임 받는 것에도 두 종류가 있다. 선한 일에, 영광스러운 일에 쓰임 받는 것이 있고, 심판과 진노의 도구로 쓰임 받는 것이 있다. 하나님께서는 때로 악인을 심판하실 때 더 악한 이들을 사용하셨다.

그런데 하나님께서 이들을 하나님의 백성에 대한 심판의 도구로 사용하실 때 이들은 자신들의 악함 때문에 하나님의 목적보다 훨씬 더 심하게 하나님의 백성을 고통스럽게 했다.

> 스가랴 1:15 나는 조금 노하였거늘 그들은 힘을 내어 고난을 더하였음이라

이들 나라들이 더 큰 고통을 하나님의 백성에게 가한 이유는 무엇인가? 그들의 교만 때문이다. 하나님께서 이들의 교만의 뿔을 반드시 꺾으신다는 것이다.

구약의 선지자들은 이스라엘 민족에 대한 예언만이 아니라 당시 주변 열방들의 교만을 지적하는 예언도 많이 했다. 에돔 족속의 교만에 대하여 지적한 오바댜 선지자의 예언이 대표적이다.

> 오바댜 1:2-4 보라 내가 너를 나라들 가운데에 매우 작게 하였으

므로 네가 크게 멸시를 받느니라 너의 마음의 교만이 너를 속였도다 바위틈에 거주하며 높은 곳에 사는 자여 네가 마음에 이르기를 누가 능히 나를 땅에 끌어내리겠느냐 하니 네가 독수리처럼 높이 오르며 별 사이에 깃들일지라도 내가 거기에서 너를 끌어내리리라 여호와의 말씀이니라

에돔 족속이 교만해져서 높은 평원의 바위굴에 살고, 독수리처럼 날며, 별들 사이에 둥지를 틀더라도 하나님께서 반드시 그들을 끌어내신다는 것이다. 하나님은 교만한 자를 끌어내리시는 분이다.

교만을 꺾으려 대장장이를 보내신다

본문의 환상에서 하나님께서는 교만해진 힘과 권세를 네 명의 대장장이를 보내셔서 그 뿔을 꺾으신다고 하신다. 왜 대장장이가 네 명인가? 뿔이 네 개이기 때문이다. 이는 하나님께서는 어떠한 힘과 권세라 할지라도 반드시 심판하실 수 있는 능력이 있다는 것을 보여 준다. 어떤 권세도 예외가 없다는 것이다. 하나님의 진노의 대상이 된 힘과 권세는 반드시 무너진다는 것이다.

이 대장장이는 어떤 뿔이라 할지라도 꺾을 수 있는 힘을 가

졌다. 21절 후반부에 보면 그 뿔들로 하여금 두려움에 떨게 할 수 있는 힘이 있다. 세상의 교만한 권세가 아무리 힘이 강해 보여도 하나님께서 보내신 대장장이는 그 뿔을 꺾고 부술 수 있는 장비가 있고 힘이 있다.

교만한 뿔을 들어 여러분을 괴롭히고 무너뜨리는 악한 뿔들이 있다면 하나님께 기도하라. "하나님, 대장장이 몇 명 보내 주세요. 직장에 있는 뿔이 몇 개인데 몇 명의 대장장이를 보내 주세요! 하나님, 이 나라를 괴롭히는 뿔이 몇 개인데 몇 명의 대장장이를 보내 주세요!"

구약의 역사는 고대 근동의 교만한 나라들의 종말이 어떠했는지를 보여 주고 있다.

하나님께서는 찬란한 문명을 자랑하며 교만이 하늘에까지 사무쳤던 애굽의 교만을 앗수르 사람들을 통해 꺾으셨다. 그러나 앗수르는 잔인하고 흉포한 민족으로 유명했고 다른 나라들을 업신여기고 괴롭혔다. 하나님께서는 이 앗수르의 교만과 잔인함을 바벨론을 통해 꺾으셨다. 그러나 바벨론이 교만과 폭력으로 주변 세상을 정복하고 그것이 극에 달하자 바벨론의 교만을 메대와 페르시아 사람들을 통해 꺾으셨다. 다음에 강대국으로 부상한 페르시아는 군대와 물자가 한이 없고 여러 나라들을 정복하였으나 당시 아주 작은 국가인 그리스에게 정복당했다. 하나님은 그리스의 교만도 로마를 통해 꺾으셨고, 로마의 교만은 게르만 민족을 통해 꺾으셨다. 하나님은 교만한 나라를 꺾으시는 하나님이시다.

한편, 하나님께서는 이스라엘 백성이 두려워하던 교만한 뿔들을 꺾어 버리신다는 환상을 보여 주심으로써 이스라엘 백성으로 하여금 더 이상 주변 나라들 때문에 하나님을 섬길 수 없다는 핑계를 대지 못하게 하셨다.

하나님의 백성을 방해하는 자들은 하나님께서 제거하실 것이기 때문에 너희는 핑계하지 말고 나에게 집중하라고 말씀하신 것이다. 하나님은 환경이나 상황 때문에 신앙생활이 어렵다는 핑계를 대지 못하게 하신다.

하나님께서 그 모든 교만한 대적들의 뿔을 꺾으실 것을 믿는 사람은 이렇게 고백한다.

> 고린도후서 4:8-10 우리가 사방으로 우겨쌈을 당하여도 싸이지 아니하며 답답한 일을 당하여도 낙심하지 아니하며 박해를 받아도 버린 바 되지 아니하며 거꾸러뜨림을 당하여도 망하지 아니하고 우리가 항상 예수의 죽음을 몸에 짊어짐은 예수의 생명이 또한 우리 몸에 나타나게 하려 함이라

사도 바울은 사방에서 교만한 뿔들의 대적을 경험했다. 그는 답답했고 버림받은 것 같았다. 하지만 그는 절망하지 않았고, 낙심하지 않았고, 망하지 않았다. 그 이유는 하나님께서 교만한 대적들의 뿔을 꺾으실 것을 믿었기 때문이다.

그런데 바울은 이어서 자신은 항상 예수의 죽으심을 몸에 짊어지고 다닐 뿐이었다고 말한다. 왜 예수의 죽으심을 몸에 항상 짊어지고 다니는가? 예수님의 생명이 자신의 죽을 몸에 나타나게 하려고 그렇게 했다는 것이다. 당시 로마의 사형제도 중에 살아 있는 사람을 죽일 때 죽은 시체와 합하여 묶어 놓는 제도가 있었다고 한다. 죽은 시체의 독기가 살아 있는 사람에게 전해져 천천히 죽어 가게 만드는 것이다.

바울은 자신이 예수님의 죽은 시체와 합하여 묶여 있음으로 예수님의 죽음과 함께 자신의 옛 자아가 죽고 예수님의 부활과 함께 새로운 생명으로 살아나는 체험을 날마다 했던 것이다.

바울은 그를 대적하던 주변의 교만한 뿔들로 인하여 절망하거나 낙심하지 않고 오히려 자신 안에 있는 교만의 뿔들을 더 두려워했다. 그래서 자신은 보배가 아니라 질그릇이고 보배는 예수 그리스도라는 겸손한 고백을 했다.

우리 삶을 무너뜨리는 주변의 교만한 뿔들은 하나님께서 대적하시고 대장장이를 보내셔서 꺾으실 것이다. 문제는 내 안에 있는 교만의 뿔이다. 교만의 뿔이 내 안에도 있다면 나 자신이 하나님의 진노와 심판의 대상이 되기 때문이다.

하나님은 정말 교만을 미워하신다. 교만은 일종의 자기 숭배이기 때문이다. 하나님께서는 자기 자신을 건강하게 사랑하기를 원하신다. 하나님께서 소중히 여기시듯 자신을 소중히 여기고 사랑하는 것을 기뻐하신다. 그러나 자기만 사랑하는 것은 미워하신다. 건강한 자존감을 넘어 자기만 사랑하면 교만해지기 시작한다.

> 잠언 6:16-19 여호와께서 미워하시는 것 곧 그의 마음에 싫어하시는 것이 예닐곱 가지이니 곧 교만한 눈과 거짓된 혀와 무죄한 자의 피를 흘리는 손과 악한 계교를 꾀하는 마음과 빨리 악으로 달려가는 발과 거짓을 말하는 망령된 증인과 및 형제 사이를 이간하는 자이니라

> 잠언 8:13 여호와를 경외하는 것은 악을 미워하는 것이라 나는 교만과 거만과 악한 행실과 패역한 입을 미워하느니라

하나님께서 정말로 미워하시는 죄 중에 가장 먼저 나오는 것이 교만이다. 교만을 설명하면서 신체 부위 중 눈을 들어 설명했다. 교만한 마음이라고도 할 수 있는데 눈을 선택한 것은, 교만은 눈을 통해 가장 분명하게 나타난다고 보았기 때문이다. 교만한 눈은 언제나 다른 사람들을 내려다보지 않는가.

단테의《신곡》에 보면, 교만한 자의 등 뒤에는 무거운 돌이 놓여 있어서 허리를 숙이고 아래만 내려다보도록 되어 있다는 표현이 있다. 과연 위를 보지 못하는 것이 교만이다. 교만하면 위에 계신 하나님을 보지 못한다.

마음속의 교만을 가리켜 '영혼의 에이즈'라고 말하는 사람도

있다. 에이즈에 감염되면 면역기능이 약화되어 각종 질병의 공격을 당하는 것처럼, 교만의 뿔이 마음속에 들어오면 온갖 영적 질병에 노출되어 망하게 되기 때문이다.

누군가 말하기를 교만이란 자신만이 즐길 수 있는 병이라고 했다. 하지만 때로 교만은 자신도 모르게 걸리는 병이라는데 문제가 있다. 교만은 하나님 앞에서 자신을 속일 뿐만 아니라 자신도 자기를 속이는 죄악이다. 그래서 다른 사람의 교만을 잘 보면서 자신의 교만은 잘 보지 못한다. 따라서 누군가를 손가락질할 때면 세 개의 손가락은 자신을 향하고 있다는 것을 기억해야 한다.

교만은 나이나 지식이나 재물의 정도에 상관없이 모든 사람들이 걸리는 질병이다. 왕과 같은 지도자든, 평범한 개인이든, 영적 지도자든 동일하게 걸릴 수 있는 질병이다.

교만한 사람은 언제나 주변 사람들을 괴롭히고 공동체를 흩어 버린다. 교만한 사람이 가정에 있으면 가족 전체가 고통을 받고, 교만한 사람이 공동체에 있으면 공동체 전체가 고통을 받고 공동체가 흩어진다.

다른 사람에게 고통을 주고 관계를 깨뜨리고 공동체를 흐트러트리는 교만의 뿔을 하나님께서는 반드시 꺾으신다는 것을 기억하라.

우리나라를 악하게 괴롭힌 교만한 뿔들을 하나님께서 심판하시도록 간구하자. 그러나 동시에 내가, 나의 가정이, 우리나라가 교만의 뿔을 들어 하나님께서 꺾으시는 심판의 대상이 되지 않도록 겸손하게 기도하자.

역사에 이름을 남겨 보겠다고 하던 이들이 역사로부터 외면당하고 퇴출당한 것도 모두 교만 때문이었다. 역사에 자기 나라를 남겨 보겠다던 나라들이 역사로부터 퇴출당한 이유도 교만 때문이었다.

교만의 뿔을 꺾으시는 하나님을 두려워함으로 하나님께 귀하게, 선하게만 쓰임 받는 인생이 되기를 기도한다.

04 

눈동자처럼 보호하리라

스가랴 2:1-13

우리가 자주 겪는 문제 중 하나는 기억이 고장 났다는 사실이다. 잊어버릴 것은 기억하고, 기억해야 할 것은 잊어버린다는 것이다.

하나님은 "뒤에 있는 것은 잊어버리라"고 말씀하시지만, 과거의 실패와 실수에 묶여 사는 사람들이 너무 많다. 만일 죄를 고백하면 "저희 죄와 불법을 다시 기억지 아니하리라"고 말씀하셨지만, 많은 성도가 하나님께서는 이미 잊어버리신 죄의 기억 속에 얽매여 살아간다.

반면에 지난날 하나님께서 베푸신 은혜는 기억하지 못하고 쉽게 잊어버린다. 우리가 현재 상황에 낙심하고 미래에 대하여 불안해하고 두려워하는 이유는 지금 이 시간까지 하나님께서 어떻게 지켜 주셨는지를 잊어버렸기 때문이다.

어제 하나님께서는 분명히 우리를 지켜 주시고 도와주셨다. 그렇지 않았다면 우리 모두는 이 자리에 있을 수 없다.

상황이 어려워질 때 사탄은 우리에게 이렇게 속삭인다. "하나님이 정말 너를 사랑한다면 이런 일은 없었을 것이다." 우리는 삶이 순탄하면 하나님께서 나를 지켜 주시고, 삶이 고달프면 하나님께서 나를 버리셨다고 생각하는 경향이 있다.

하지만 사실은 그 정반대일 때가 더 많다. 하나님께서 나를 버리신 것 같은 시간도 지나고 보면 하나님께서 나를 위해 놀라운 섭리로 일하고 계신 시간이었음을 알게 된다.

야곱이 사랑하는 아들 요셉이 죽었다고 생각하고 슬픔 가운데 있을 그때에 요셉은 애굽에서 민족을 구할 준비를 하고 있었다.

남편과 두 아들을 잃은 나오미가 하나님께서 자신을 괴롭게 하셨다고 말한 그때에 하나님께서는 모압 여인인 며느리 룻과 친척 보아스를 통해 메시아의 조상 다윗을 준비하고 계셨다.

다윗이 사울 왕에게 쫓겨 죽음의 위협을 받고 광야에서 도망하고 있을 그때에, 하나님께서는 바로 그 광야에서 다윗을 이스라엘의 왕으로 훈련시키셨다.

포로에서 귀환한 이스라엘 백성은 계속된 어려움 속에서 과연 하나님이 자신들을 돌보시고 지켜 주시는가라고 의심했을 것이다. 현재 상황을 보면서 절망했고 미래를 바라보면서 두려워했다. 성전은 과연 재건될 수 있는가라고 의문했고 열정을 잃어버린 채 손 놓고 있었다.

하나님이 친히 불 성벽이 되어 주신다

당시 이스라엘 백성을 두렵게 한 것은, 예루살렘이 성벽도 없이 적들에 무방비 상태로 노출되어 있다는 사실이었다. 후에 느헤미야 시대에 이르러 재건될 때까지 예루살렘은 성벽도 없이 불안한 상태로 지내야 했다. 성전 재건이 기초만 놓은 채 16년 동안 방치된 이유 중 하나도, 예루살렘에 성벽이 없다는 점이었다. 성전을 재건해 본들 성벽도 없는데 과연 그것이 의미가 있겠느냐는 것이었다. 성벽 없는 성전은 적의 공격을 받으면 곧 무너질 것이기 때문이었다. 고대 성읍에서 성벽의 중요성을 감안하면 이보다 더 중요한 이유도 없었을 것이다.

하나님께서는 그들의 두려움을 해소하고 예루살렘을 보호해 주시겠다는 약속을 세 번째 환상을 통해 말씀하셨다.

하나님께서는 첫 번째 환상에서 하나님께서 예루살렘으로 다시 돌아와 그곳에 성전을 세우고 예루살렘을 다시 번성케 할 것이라고 하셨다. 세 번째 환상은 첫 번째 환상에서 주신 약속을 구체적으로 보여 주고 있다.

스가랴가 눈을 들어 환상을 보았는데 측량줄을 들고 가는 한 사람을 보았다. 스가랴가 "어디 가십니까?" 하고 물으니 그가 "예루살렘을 측량해 그 너비와 길이가 얼마인지 알아보러 간다"고 했다.

그때 또 다른 천사가 스가랴에게 대답한 천사를 만나 이렇게 말했다.

> 스가랴 2:4-5 이르되 너는 달려가서 그 소년에게 말하여 이르기를 예루살렘은 그 가운데 사람과 가축이 많으므로 성곽 없는 성읍이 될 것이라 하라 여호와의 말씀에 내가 불로 둘러싼 성곽이 되며 그 가운데에서 영광이 되리라

천사의 대답은 당시 사람들의 고정관념을 깨뜨리고 있다.

예루살렘이 성벽이 필요 없는 넓은 성읍이 될 것이라는 것이다. 당시 사람들에게 '성벽 없는 성읍'이란 상상도 할 수 없는 것이었다. 전쟁과 약탈을 일삼던 당시에 성벽 없는 성읍은 곧 멸망을 의미한다고 생각했기 때문이다.

그런데 천사는 예루살렘이 성벽이 필요 없게 되는 두 가지 이유를 제시한다.

첫째는 예루살렘 안에 사람과 가축들이 너무 많아져서 성벽을 지을 수조차 없게 된다는 것이다.

천사가 예루살렘을 측량하여 너비와 길이를 알아보려는 것은 현재의 예루살렘을 측량하겠다는 것이 아니다. 그가 측량하

려는 것은 예루살렘이 장차 어디까지 확장될 수 있는지를 알아보는 것이다.

예루살렘에 사람들이 얼마나 많아지고 번성케 되기에 성벽을 세울 수 없을 정도로 넓어진다는 것일까? 하지만 당시 3차에 걸친 포로 귀환까지 다 합하더라도 이 말씀처럼 성벽을 쌓을 필요가 없을 정도로 수많은 사람이 모이지는 않았다. 그렇다면 이 말씀은 틀린 말씀인가? 아니다. 이 말씀은 예언이다.

이 예언은 당시 예루살렘에 모이는 사람들만을 의미한 것이 아니다. '성벽 없는 예루살렘'이 된다는 말씀이 궁극적으로 가리키는 것은 유다 백성이 재건하는 예루살렘이 아니라 '영적 예루살렘으로서의 교회'를 의미한다. 성령께서 임하심으로 예루살렘 성벽을 넘어서 전 세계로 확장된 영적 예루살렘을 의미하는 것이다.

전 세계 곳곳에 세워진 교회들은 성벽이 없는 예루살렘이다. 사람들이 너무 많아져서 성벽을 지을 수조차 없을 정도로 확대된 예루살렘이다. 이 말씀은 오늘날 교회를 통해 이루어지고 있다.

하나님께서는 낙심하여 성전 재건을 중단한 백성에게 미래의 소망을 보여 주신다. 당대에 모든 약속이 다 이루어지지는 않을지라도 그들이 붙잡고 나아가야 할 미래의 비전을 보여 주신 것이다. 하나님의 비전은 언제나 먼 미래까지 포함한다. 나의 시대에 나를 통해서만 이루어지지 않는다. 그 비전이 내가 살아 있는 동안 이루어지지 않을지라도 그 시선이 그 비전에 맞춰져 있는 사람은 결코 넘어지지 않는 인생을 산다.

예루살렘에 성벽이 필요 없는 두 번째 이유는 하나님께서 예루살렘의 불로 된 성벽이 되어 주시기 때문이다.

> 스가랴 2:5 여호와의 말씀에 내가 불로 둘러싼 성곽이 되며 그 가운데에서 영광이 되리라

하나님께서 예루살렘의 불 성벽이 되어 주신다니, 얼마나 은혜롭고 놀라운 말씀인가!

이스라엘 백성은 지금 성벽이 없으므로 예루살렘은 불안한 도시이며 성전 재건 또한 무의미한 일이라는 고정관념에 사로잡혀 있다. 그러나 하나님은 이렇게 말씀하신다.

"내가 예루살렘의 불로 된 성벽이 되어 주겠다."

"견고한 성벽이 있는 성읍이 안전한 성읍이라고 보장할 수 없다. 예전에 예루살렘 성벽이 있었지만 바벨론에 의해 무참히 무너지지 않았는가? 성벽 자체가 너희의 안전을 지켜 주지 못한다. 너희의 안전은 나에게 달려 있다. 내가 너희의 보호자다."

한때 바벨론을 100년간 지켜 주던 견고한 성벽도 결국 무너졌다. 페르시아 제국의 수많은 성벽도 지금은 유적지가 되었을 뿐이다. 당시 사람들이 자신들을 안전하게 지켜 줄 것으로 믿고 의지하던 모든 견고한 성벽들이 무너져 버렸다.

그러나 하나님께서 불 성벽이 되어 주신다면 누가 그 성벽을 무너뜨릴 수 있겠는가?

불 성벽은 사다리를 걸쳐 넘을 수도 없고, 뚫을 수도 없으며, 그 밑을 파서 무너뜨릴 수도 없다. 불 성벽은 가까이 오는 것은 무엇이든지 태워 버리는(소멸하는) 불이다. 하나님께서는 자신을 가리켜 살라 버리는 불이라고 하셨다.

신명기 4:24 네 하나님 여호와는 소멸하는 불이시요 질투하시는 하나님이시니라

광야를 지나는 백성을 불기둥으로 보호하신 하나님께서 이제 불 성벽이 되어 보호하겠다고 말씀하신다. 하나님을 대적하는 이들이 가까이할 수 없는 성벽이다. 하나님께서 불 성벽이 되어 주시는 인생이 가장 안전한 인생이다.

사람들은 자신의 삶을 보호해 줄 성벽을 쌓으며 살아간다. 고대인들이 성벽이 없으면 불안하고 두려워하고, 성읍이 견고하면 안심하고 산 것처럼, 현대인들은 자신의 삶을 보호해 줄 각자의 성벽을 쌓고 살아간다. 그중 가장 많이 의지하는 성벽은 돈이다. 오늘날 많은 사람들이 가능하면 많이 쌓으려는 돈 성벽이 과연 삶을 안전하게 지켜 줄까? 지식의 성벽을 쌓으면, 과연 그 성벽이 삶을 안전하게 지켜 줄까? 사회적 지위의 성벽, 심지어 건강의 성벽 등 그 어떤 성벽이 삶을 안전하게 보호해

줄 수 있을까? 자기가 쌓은 성벽 속에 자신이 갇혀 살 뿐이다.

하나님 나라의 백성된 성도는 이러한 성벽으로 둘러싸일 수 없는 인생이다. 하나님께서 친히 불 성벽이 되어 주시기 때문이다. 하나님께서 성령의 불로 성벽이 되어 주시기에 때로 자신이 쌓은 성벽이 무너지더라도 결코 무너지지 않는다. 하나님은 때로 우리가 애써 쌓은 성벽을 지나치게 의지하면 그 성벽을 허무실 때가 있다. 하나님을 의지하게 하기 위해서다. 여러분이 의지하던 성벽이 무너지고 있는가? 불 성벽이 되어 주시는 하나님께 기도하라!

하나님! 내 인생을 하나님의 불 성벽으로 지켜 주옵소서!

하나님! 우리 가정과 자녀들을 하나님의 불 성벽으로 지켜 주옵소서!

하나님! 이 나라와 민족을 하나님의 불 성벽으로 지켜 주옵소서!

하나님이 예루살렘의 영광이 되신다

하나님께서 밖으로는 불 성벽이 되어 주시고 안으로는 예루살렘의 영광이 되어 주신다고 하신다.

구약시대 하나님의 백성에게 가장 두려운 일은 하나님의 영광이 떠나는 것이었다. 하나님의 영광이 떠난다는 것은 버림받는다는 의미다. 저주받았다는 의미다. 우리가 죄 가운데 있을 때 하나님의 영광이 떠나간다.

> 로마서 3:23 모든 사람이 죄를 범하였으매 하나님의 영광에 이르지 못하더니

죄란 하나님의 영광이 떠난 상태다. 그러나 하나님의 백성이 회개하고 돌아올 때 하나님의 영광은 다시 돌아온다. 에스겔 선지자는 회복된 이스라엘의 성전에 하나님의 영광이 다시 회복될 것을 예언했다.

> 에스겔 43:2 이스라엘 하나님의 영광이 동쪽에서부터 오는데 하나님의 음성이 많은 물소리 같고 땅은 그 영광으로 말미암아 빛나니

하나님의 성전이며 영적 예루살렘인 교회는 하나님께서 영광이 되셔야 한다. 하나님의 공동체 안에서 하나님이 영광이 되시지 않고 다른 누군가가 영광이 되어선 안 된다. 어떤 이념이 영광이 되어서도 안 된다. 사람이 영광이 되고 이념이 영광이 되는 공동체는 반드시 무너지고 흩어진다.

하나님께서는 밖으로는 불 성벽이 되어 보호해 주시며 안으로는 영광이 되어 홀로 높임을 받으신다. 하나님께서 우리 안

에서 영광이 되시는 것이 회복이요 진정한 부흥이다.

그리고 눈동자처럼 보호하리라

6-9절에서는 말씀을 듣는 대상이 바뀐다. 아직 귀환하지 않고 바벨론에 머물고 있는 백성이다.

> 스가랴 2:6-9 오호라 너희는 북방 땅에서 도피할지어다 여호와의 말씀이니라 이는 내가 너희를 하늘 사방에 바람같이 흩어지게 하였음이니라 여호와의 말씀이니라 바벨론 성에 거주하는 시온아 이제 너는 피할지니라 만군의 여호와께서 이같이 말씀하시되 영광을 위하여 나를 너희를 노략한 여러 나라로 보내셨나니 너희를 범하는 자는 그의 눈동자를 범하는 것이라 내가 손을 그들 위에 움직인즉 그들이 자기를 섬기던 자들에게 노략거리가 되리라 하셨나니 너희가 만군의 여호와께서 나를 보내신 줄 알리라

이스라엘 백성 중에는 고레스의 칙령으로 고국으로 돌아올 수 있음에도 불구하고 예루살렘으로 돌아오지 않은 사람들이 많았다. 하나님께서는 이들에게 말씀하신다. "어서 북쪽 땅에서 도망쳐라." "자 도망쳐라 바벨론 성에 살고 있는 시온아."

하나님께서는 바벨론 성에 아직 살고 있는 시온의 백성에게 단지 "돌아오라"고 말씀하시지 않는다. "도망쳐 나오라"고 말씀하신다.

한글성경에는 나오지 않지만 히브리 성경 원문에는 매우 위급한 상황을 알리는 '호이'라는 감탄사가 두 번이나 사용되었다. "호이호이"라는 감탄사는 영어로는 'Hey Hey'라고 번역된다. 우리말로 하면 '이봐요, 이봐요'라고 할 수 있겠다. 아주 다급한 상황이라는 것이다. 하루 빨리 도망쳐 나와야 한다는 것이다.

그런데 하나님께서 바벨론으로부터 도망치라고 다급히 말씀하시는 두 가지 이유가 있다.

첫째로 지금은 바벨론이 안전한 곳 같지만 앞으로 다가올 재앙이 기다리고 있는 곳이기 때문이다. 곧 침몰할 배에 있는 사람들을 향해서 "빨리 떠나라", "어서 도망하라"고 외치는 것은 당연하다.

그들이 돌아오지 않은 이유는 바벨론만큼 안전한 땅이 있겠느냐는 현실적인 이유였다. 예루살렘은 현실적인 눈으로 볼 때 안전한 땅이 아니었다. 바벨론이 안전한 땅이었다. 비록 이방땅이었지만 바벨론에 잘 정착해서 안정되게 살아가고 있는데 굳이 고향으로 힘들게 돌아갈 필요를 느끼지 못한 것이다.

그러나 이제 곧 페르시아의 정복군들이 바벨론을 함락시켜 유대인이나 바벨론인이나 별반 차이가 없는 날이 다가오고 있다. 미래를 전혀 예측할 수 없는 사람들은 바벨론의 풍요로움에 젖어서 바벨론이 가장 안전한 곳이라고 확신했다.

우리 인간의 눈에는 안전한 곳이어도 하나님 보시기에 위험한 곳이 있고, 인간의 눈에는 위험한 곳이어도 하나님 보시기에는 안전한 곳이 있다.

바벨론의 화려함과 부요함 속에 숨어 안전하리라 믿는 자들에게 하나님께서는 외치신다. "어서 도망치라, 어서 바벨론에서 빠져나오라."

여러분은 어떤 바벨론에 묶여 있는가? 자신이 생각하기에 가장 안전하다고 여기나 하나님 보시기에는 가장 위험한 바벨론은 무엇인가? 어서 도망쳐 빠져나와야 할 바벨론에 있지는 않은가?

둘째로 하나님께서 약속의 땅에서 철저하게 보호해 주시리라 약속해 주시기 때문이다.

8절 후반부에서 "너희를 범하는 자는 그의 눈동자를 범하는 것이라"고 말씀하셨다.

눈동자는 사람의 몸에서 가장 예민하여 본능적으로 눈 깜짝거림으로 보호한다. 몸에서 유일하게 단독 보호막이 있는 기관이다. 아주 작은 먼지가 들어와도 아픔을 느끼고 눈물이 나와서 먼지를 씻어 낸다.

하나님께서 그분의 백성을 지키고 보호하시되 '주님의 눈동자'처럼 지키신다고 하신다. 이 표현은 모세가 처음 사용하였다.

> 신명기 32:10 여호와께서 그를 황무지에서, 짐승이 부르짖는 광야에서 만나시고 호위하시며 보호하시며 자기의 눈동자같이 지키셨도다

모세가 백성 앞에서 노래를 통해 간증하는 가운데 나온 이 고백은 모세가 직접 체험한 것이다. 하나님께서 그 백성이 광야를 지날 때 보여 주신 보살핌은 마치 하나님의 눈동자처럼 지키시는 보살핌이었다는 것이다.

다윗도 모세의 고백을 알고 있었는지 광야에서 도망 다닐 때 이러한 표현으로 하나님께 기도했다.

> 시편 17:7-9 주께 피하는 자들을 그 일어나 치는 자들에게서 오른손으로 구원하시는 주여 주의 기이한 사랑을 나타내소서 나를 눈동자같이 지키시고 주의 날개 그늘 아래에 감추사 내 앞에서 나를 압제하는 악인들과 나의 목숨을 노리는 원수들에게서 벗어나게 하소서

우리는 주의 눈동자다. 이 단어를 사용하여 하나님께 보호를 요청하며 기도하라. "나를 주의 눈동자처럼 지켜 주소서." "나의 자녀들을 주의 눈동자처럼 지켜 주소서."

10-13절에서 하나님께서는 소리쳐 노래하고 기뻐하라고 명령하신다.

> 스가랴 2:10-11 여호와의 말씀에 시온의 딸아 노래하고 기뻐하라 이는 내가 와서 네 가운데에 머물 것임이라 그날에 많은 나라가 여호와께 속하여 내 백성이 될 것이요 나는 네 가운데에 머물리라 네가 만군의 여호와께서 나를 네게 보내신 줄 알리라

하나님의 백성이 소리쳐 노래하고 기뻐해야 할 이유도 두 가지가 있다.

첫째는 하나님께서 그 백성과 함께 살 것이기 때문이다.

"내가 와서 네 가운데 머물 것임이라" 하셨다. 백성이 바벨론에서 돌아오고, 예루살렘 성전이 재건되어야 하는 이유는 하나님께서 함께 거하시는 성읍이 될 것이기 때문이다.

하나님께서 단지 방문하러 오시는 것이 아니라 그들에게 오셔서 그들과 함께 거하시기 위해서 오신다는 것이다.

성경의 가장 중요한 주제는 '하나님의 오심'이다. 하나님께서 사람들과 함께 거하기 위해 오시는 것이다. 하늘에 계신 하나님은 땅에 있는 사람들과 함께 거하기 위해 내려오신다.

창세기에서 하나님은 하늘에서 말씀하셨다. 출애굽기에서

하나님은 모세와 만나고 그 백성을 만나기 위해 시내 산에서 말씀하셨다. 모세에게 성막을 지으라고 하시고 다 완성된 뒤에 하나님은 성막으로 내려오셨다. 레위기에서 하나님은 성막에서 그 백성과 만나셨다. 땅으로 내려오셔서 그 백성과 함께 사시는 하나님이 바로 예수님이시다.

> 요한복음 1:14 말씀이 육신이 되어 우리 가운데 거하시매 우리가 그의 영광을 보니 아버지의 독생자의 영광이요 은혜와 진리가 충만하더라

우리 가운데 계셨다는 것은 우리와 함께 사셨다는 것이다. 예수님은 육신으로 오셔서 우리와 함께 사신 하나님이다. 그런데 하나님은 우리와 함께 사시는 것에서 머무르지 않고 어디까지 내려오셨는가 하면, 그 백성의 마음속에까지 내려오셨다. 성령님은 우리와 함께하실 뿐만 아니라 우리 속에 거하시는 하나님이다. 영으로 오셔서 우리 마음속에까지 내려오셔서 우리와 함께 사시는 하나님이다.

우리가 소리쳐 노래하고 기뻐해야 할 이유는 하나님의 임재하심 때문이다. 진정한 기쁨은 눈에 보이는 환경에 있지 않고 하나님께서 우리와 함께 사시는 임재에 있다. 하나님이 함께 사시면 한숨이 노래로 바뀔 것이다.

《하나님의 임재연습》이라는 고전적인 책은 로렌스라는 한

프랑스 수도사의 편지를 그의 대부가 엮어서 책으로 낸 것이다. 300년 전에 씌어진 글이지만 바쁜 생활에 얽매여 살아가는 그리스도인들에게 아직도 큰 영향을 미치고 있다. 그의 글이 수세기 동안 영향을 미치는 이유는, 로렌스가 교리나 신학을 가르치는 신학자이거나 신비로운 영성가라서가 아니라 그냥 평범한 수도사였기 때문이다.

수도원 안에서 그는 부엌일을 했다. 15년간 부엌에서 일하다가 무릎이 아파서 앉아서 신발 고치는 일을 했다. 그의 글은 어렵지 않은 쉬운 글이지만 체험에서 나오는 고백이기에 지금까지도 경건한 삶을 추구하는 사람들이 반드시 읽어야 하는 책이 되었다. 그중 한 부분을 보자.

"꼭 큰일만 해야 할 필요는 없다. 나는 프라이팬의 작은 오믈렛 하나라도 하나님을 사랑하는 마음으로 뒤집는다. 그 일도 다 끝나 더 할 일이 없으면 나는 바닥에 엎드려 오믈렛을 만드는 은혜를 주신 하나님께 경배했다. 그러고 나서 일어날 때면 나는 어느 왕보다도 더 만족감을 느꼈다…. 하나님의 임재 안에 거하는 것에는 무슨 특별한 기교가 없다. 우리는 그저 늘 똑같은 마음으로 단순하게 그것을 연습할 수 있을 따름이다."(《하나님의 임재연습》, 로렌스 형제, 두란노, 104쪽)

주부들이여, 부엌에서 일하는 시간이 하나님의 임재를 경험하는 시간이 되도록 하라. 직장인들이여, 직장에서 일하는 시간이 하나님의 임재를 경험하는 시간이 되도록 하라. 학생들이여, 공부하는 시간이 하나님의 임재를 경험하는 시간이 되도록 하라.

우리 삶에서 하나님은 단지 방문하는 정도가 아니라 거주하시는 분이어야 한다. 그리고 거주하시는 'resident' 정도가 아니라 삶을 다스리시는 'President'가 되어야 한다.

하나님께서 백성에게 소리쳐 노래하며 기뻐하라고 명령하시는 두 번째 이유는 많은 나라가 하나님의 백성이 될 것이기 때문이다.

> 스가랴 2:11 그날에 많은 나라가 여호와께 속하여 내 백성이 될 것이요 나는 네 가운데에 머물리라 네가 만군의 여호와께서 나를 네게 보내신 줄 알리라

하나님께서는 여기서 이스라엘 백성이 생각지도 못한 어느 날에 대하여 말씀하신다. 이날은 예언하는 선지자들조차 전혀 생각지 못한 날이다. 이날은 이스라엘 백성뿐만 아니라 많은 이방 나라가 하나님의 백성이 되는 날이다. 하나님께서 예루살렘의 불 성벽이 되어 주시고, 눈동자처럼 지켜 주시는 이유는 이스라엘만 사랑하시기 때문이 아니다. 많은 나라가 하나님의 백성이 되는 데 이스라엘을 사용하시기 위함이다.

하나님께서 아브라함을 선택하셔서 이스라엘의 조상이 되도록 하겠다 하면서 약속하신 말씀은 땅의 모든 족속에게 복을 나누는 복의 근원이 되게 하겠다는 것이었다. 이스라엘의 역사

는 아브라함에게 주신 이 약속이 이루어지는 역사다.

당시 이스라엘 백성의 관심은 예루살렘에 돌아온 사람들에게 국한되어 있었다. 현재 그들이 바라보고 있는 예루살렘은 초라하고 나약한 성읍일 뿐이었다. 상황과 형편이 어려워지면 시야가 좁아지기 쉽다. 꿈과 희망을 잃어버리면 시야가 좁아진다. 미래를 내다보지 못하고 현실의 문제에 집착하기 쉽다.

그런데 하나님께서는 환상을 통해 예루살렘이 뿔뿔이 흩어졌던 백성이 귀환하여 성벽을 쌓을 필요가 없는 하나님의 도시가 될 것을 내다보시고 있다. 그런데 거기서 더 나아가 수많은 이방 나라가 하나님의 백성이 되는 데까지 내다보시고 있다.

이 놀라운 하나님의 계획과 비전을 바라봄으로 찬양하며 기뻐하라는 것이다. 누가 하나님의 백성인가? 이러한 하나님의 비전을 함께 바라보며 기뻐하는 사람들이 하나님의 백성이다. 하나님의 비전과 환상에는 언제나 수많은 나라가 하나님께 돌아와 하나님의 백성이 되는 것이 포함되어 있다.

내가 받은 비전과 환상이 하나님께로부터 온 것인가 아닌가를 분별하는 중요한 시금석이 여기에 있다. 내가 아닌 다른 사람, 우리 가정이 아닌 다른 가정, 우리나라가 아닌 다른 나라, 온 민족과 열방이 하나님께로 돌아와 하나님의 백성이 되는 것으로 기뻐한다면 하나님께로부터 온 비전인 것이다.

하나님의 관심은 단지 예루살렘 성전을 재건하는 데 있지 않다. 예루살렘이 영적 예루살렘으로 확장되고, 더 나아가 수많은 나라와 민족들이 영적 이스라엘로 아브라함의 후손들이 되어 하나님의 백성이 되는 데 하나님의 관심이 있다. 이러한 비전을 하나님의 임재 가운데 함께 바라볼 때 보이는 성전도 재건될 수 있고, 예루살렘의 경제와 사회도 회복될 수 있다.

13절은 아주 장엄한 표현으로 끝난다.

> 스가랴 2:13 모든 육체가 여호와 앞에서 잠잠할 것은 여호와께서 그의 거룩한 처소에서 일어나심이니라 하라 하더라

하나님께서 그분의 백성을 지키고 보호하시기 위해 일어나시는 모습이 장엄하게 묘사되어 있다. 하나님은 보좌에 앉아 계시기만 하는 분이 아니라 일어나서 일하시는 분이다. 위기와 위험 가운데 있는 백성을 돌보시며 그들의 불 성벽이 되어 주시고 그들을 눈동자처럼 지키시며 일하시는 분이다.

그 하나님의 섭리 앞에서 모든 육체는 잠잠해야 하는 것이다. 육체에 속한 사람들은 하나님의 역사와 일하심을 보지 못함으로 어리석은 말로 하나님을 제한하고 하나님을 판단한다. 감히 '하나님이 이렇게 해야 한다, 저렇게 해야 한다'고 주문하는가 하면 하나님께 따지고 때로 시비를 걸기도 한다.

하나님은 그들에게 이렇게 말씀하신다.

"잠잠하라. 하나님께서 일어나신다."

"너희는 가만히 있어 내가 하나님 됨을 알지어다."

"너희는 가만히 서서 여호와께서 너희를 위하여 행하시는 구원을 보라."

"너희는 잠잠히 하나님께서 어떻게 너희를 보호하시고 지키시는지를 보라."

육체를 가진 모든 사람들아, 여호와 앞에서 잠잠하라. 그분께서 그 거룩한 곳에서 일어나신다.

PART 2

세우심

온전하라

,

너는 내가 거할
성전이다

아름다운 옷을 입으리라

스가랴 3:1-10

이스라엘 역사상 포로 귀환 시대가 있었다는 것은, 하나님은 실패한 자들에게 언제나 새로운 시작을 기대하신다는 것을 알려 준다. 하나님은 죄로 인해 심판받은 백성일지라도 그 심판 가운데 버려두지 않고 또다시 구원하시고 회복시키시는 분이다. 그렇기에 하나님 안에서는 언제나 새로운 시작이 가능하다.

우리가 살아 있는 한, 그리고 우리가 하나님께로 돌아가는 한, 우리에게는 언제나 새로운 시작이 가능하다.

스가랴에게 보여 주신 환상들은 회복의 비전들이다. 하나님은 8개의 환상을 통해서 하나님께서 친히 예루살렘으로 다시 돌아오시고, 다시 번성하게 해 주시고, 주변의 교만한 나라들의 뿔을 꺾어 주시고, 친히 불 성벽이 되어 주시고, 눈동자처럼 보호해 주시겠다는 격려의 말씀들을 주셨다.

이러한 회복과 격려의 말씀을 들을 때 우리는 마음속으로 '아멘! 아멘!' 하면서 믿음이 솟구쳐야 한다. "그 약속이 나에게 이루어질 줄 믿습니다"라는 확신이 생겨야 한다. 그런데 안타깝게도 믿음이 솟아오르지 않고 의심이 솟아오를 때가 많다. 그 말씀이 나에게 확신으로 다가오지 않고 너무나 먼 약속처럼 느껴질 때가 있다.

그 이유는 두 가지다.

첫째는 내가 현재 죄 가운데 있기 때문이다.

하나님의 말씀과 뜻에 어긋난 삶을 살고 있을 때 하나님의 약속은 나에게 살아 있는 말씀으로, 능력 있는 말씀으로 다가오지 않는다. 내 안의 죄가 하나님과 나의 관계를 가로막고 있기 때문이다.

둘째는 내가 과거에 지은 죄에 대한 죄책감에 사로잡혀 있기 때문이다.

과거에 내가 지은 죄에 대한 기억과 그 기억이 가져오는 죄책감에 억눌려 있을 때 하나님의 격려가 마음에 와 닿지 않는다. 그 말씀이 내게는 해당되지 않는다며 받아들이지 않는다. 죄책감은 언제나 우리를 낙심시킨다.

이는 스가랴와 이스라엘 백성에게도 동일한 문제였다. 세 개의 환상을 통해 하나님의 격려를 받고 회복을 약속받았지만 그들의 마음에는 의심이 있었고 불안이 있었다. 그것은 그들의 죄와 죄책감 때문이었다.

진정한 회복은 영의 회복이 있어야 하고, 거룩한 양심의 회복이 있어야 가능하다. 아무리 주변의 나라들이 멸망하고, 성전이 재건되고, 물질적으로 번영되는 회복이 주어진다고 해도, 하나님 앞에서 죄와 죄책감으로부터 해방되고 거룩한 양심이 회복되지 않으면 진정한 회복은 이루어질 수 없다.

사탄의 고소

스가랴가 네 번째 본 환상에는 당시 대제사장이던 여호수아가 등장한다. 모세를 이어 가나안 정복을 이끈 여호수아가 아니라 당시 대제사장 여호수아다. 그는 예루살렘이 멸망할 당시 바벨론에 의해 죽임당한 대제사장 스라야의 손자이며 여호사닥의 아들로서 조상들을 이어 포로 귀환 후 대제사장으로 활동한 인물이다. 스가랴는 평소 그와 교제한 바도 있기에 그가 누구인지 금방 알아보았을 것이다.

그가 여호와의 천사 앞에 서 있는데 사탄이 여호수아의 오른쪽에 서서 그를 고소하고 있었다.

스가랴 3:1 대제사장 여호수아는 여호와의 천사 앞에 섰고 사탄

은 그의 오른쪽에 서서 그를 대적하는 것을 여호와께서 내게 보이시니라

마치 재판정과 같은 모습이다. 대제사장 여호수아가 죄를 지은 피고가 되어 재판장이신 하나님 앞에 서 있는 것이다. 여기서 여호와의 천사는 개역한글에는 여호와의 사자라고 번역했는데 단지 천사 중 한 사람이 아니라 성자 하나님을 의미한다.

그런데 이 대제사장 여호수아를 사탄이 고소하고 있다.

사탄은 히브리어로 '고소자' 혹은 '비난자'라는 뜻을 갖고 있다. 그래서 사탄은 언제나 고소하고 비난한다. 요한계시록 12장에 보면 사탄을 가리켜 "하나님 앞에서 밤낮 참소하는 자"라고 하였다. 사탄의 고소에는 아무런 근거도 없이 거짓으로 공격하는 고소도 있지만 때로 정당한 근거가 있는 고소도 있다. 아무런 죄와 잘못도 없는 사람을 공격하기도 하지만 대부분은 법에 근거한 공격을 한다. 그 근거는 무엇인가? 사람들이 행한 죄와 허물이다. 모든 사람은 죄인이기에 사탄은 사람들이 행한 죄를 근거로 고소한다. 그래서 때로 사탄의 고소는 아주 정의로워 보이고 당연한 것처럼 보인다.

스가랴서의 환상에서 사탄이 여호수아를 고소하고 있는 이유는 무엇인가?

대제사장 여호수아가 더러운 옷을 입고 서 있기 때문이다.

대제사장이 더러운 옷을 입고 서 있다는 것은 율법에 의하면 있을 수 없는 일이다. 여기서 더럽다는 것은 먼지가 좀 묻은 정도가 아니라 오물을 뒤집어쓴 상태로 아주 끔찍하게 더러운 상태를 의미한다. 율법에 의하면 대제사장은 반드시 정해진 옷을 입고 섬겨야 한다. 열두 개의 보석이 박혀 있고 하나님의 뜻을 분별하는 두 개의 돌 우림과 둠밈이 있는 정결한 옷을 입어야 한다. 만일 정해진 의복을 입지 않으면 하나님 앞에서 죽임을 당할 수도 있었다. 모세시대에 나답과 아비후는 정해진 불을 드리지 않고 다른 불을 분향하여 죽임을 당했다.

더러운 옷을 입고 있는 여호수아의 모습은 단지 대제사장 여호수아 개인의 모습만을 의미하지 않는다. 대제사장은 모든 백성을 대표하는 직분이기에 그가 더러운 옷을 입은 것은 모든 백성이 더러운 옷을 입은 것과 같다. 따라서 사탄은 여호수아뿐만 아니라 모든 백성을 고소하고 있는 것이다.

사탄이 왜 더러운 옷을 입고 있는 여호수아를 고소할까? 하나님의 율법이 지켜지기를 간절히 바라서일까? 아니다. 대제사장 여호수아와 백성이 하나님의 율법을 지킴으로 하나님의 축복을 누리게 하기 위해서일까? 아니다. 사탄이 고소하는 근거는 하나님의 율법이지만, 고소하는 동기는 저주하기 위해서다. 이제 새롭게 시작하려는 하나님의 일을 가로막기 위해서다. 포로에서 귀환한 백성이 성전을 재건하고 예루살렘을 회복시키지 못하도록 백성을 낙심시키기 위해서다.

사탄의 고소장에는 아마 이런 내용들이 쓰여 있었을 것이다.

"하나님은 이들처럼 흠이 있고 죄가 있는 사람들은 받으실 수 없다. 하나님은 율법대로 심판하실 것이다. 그러므로 이들이 지금 하려는 모든 일은 포기되어야 한다. 이스라엘은 악한 백성이어서 심판을 받았고 아직도 여전히 악한 백성이다. 이들은 저주와 심판으로 끝내야 하고 새로운 시작은 있을 수 없다. 성전은 재건되어서는 안 되고 차라리 지금처럼 죄나 즐기면서 사는 것이 더 나을 것이다."

사탄은 하나님의 백성이 시도하려는 거룩한 일을 포기하게 만들고 사탄의 뜻대로 그들이 죄 가운데 머물며 살도록 만드는 것이 목적이다.

당시 백성의 상태를 보면 이러한 사탄의 고소가 받아들여질 만했다. 당시 포로에서 귀환한 백성은 물론이고 제사장들마저도 하나님 앞에 신실하지 못했다. 제사장들은 포로에서 귀환한 뒤에도 율법이 금한 이방인과의 결혼을 여전히 행하고 있어서 지도자 에스라에게 책망을 듣기도 했다. 제사장과 백성이 하나님의 뜰을 거룩하게는커녕 오히려 더럽히고 있으니 사탄의 고소는 힘을 받을 만했다.

그러나 재판장이신 하나님은 뜻밖의 판결을 내리신다.

스가랴 3:2 여호와께서 사탄에게 이르시되 사탄아 여호와께서 너를 책망하노라 예루살렘을 택한 여호와께서 너를 책망하노라 이는 불에서 꺼낸 그슬린 나무가 아니냐

하나님께서는 더러운 옷을 입고 있는 여호수아를 책망하시는 것이 아니라 사탄을 책망하신다. 하나님께서 지금 여호수아와 그 백성의 죄를 몰라서일까? 아니다. 하나님은 다 아신다. 그런데 왜 율법에 근거한 사탄의 고소를 받아들이시지 않는 걸까?

첫째는 하나님께서 선택하셨기 때문이다.

2절에서 예루살렘을 선택하신 여호와가 사탄을 꾸짖는다고 했다. 하나님께서 여호수아를 꾸짖지 않고 사탄을 꾸짖으시는 이유는 하나님의 백성이 아무 문제없이 의롭기 때문이 아니다. 또 사탄의 주장이 근거 없기 때문도 아니다. 하나님의 백성이 앞으로는 잘하겠다고 결단했기 때문도 아니다. 단지 하나님께서 그들을 선택하셨기 때문이다.

로마서 8:33 누가 능히 하나님께서 택하신 자들을 고발하리요 의롭다 하신 이는 하나님이시니

하나님의 선택은 그 백성이 죄와 허물이 없어서 선택하신 것이 아니라 무조건적인 은혜로 선택하신 것이기에 지금의 죄와 허물이 하나님의 선택을 취소시킬 수 없다는 것이다. 아브라함을 선택하신 하나님은 그가 어떠한 의심과 불신앙의 모습을 보였어도 그를 버리지 않으셨다. 이삭과 야곱 그리고 모세와 그의 후손들이 하나님 앞에 끊임없이 죄를 범하고 반역했지만 하나님은 그 백성을 버리지 않으셨다. 하나님께서 선택하셨기 때문이다.

이는 하나님께 선택받으면 어떤 잘못을 해도 그냥 봐주신다는 뜻이 아니다. 사탄이 하나님의 백성을 주관하는 것을 허용하지 않으신다는 의미다. 사탄은 결코 스스로 하나님의 백성을 파괴시킬 자격이 없다는 것이다.

하나님의 백성에 대한 심판은 오직 하나님께서만 하실 수 있다. 하나님의 백성의 죄와 허물이 심판받는다면 그것은 사탄의 고소 때문이 아니라 하나님의 계획에 따라 하나님께서 친히 다스리시기 때문이다.

둘째는 하나님께서 선택하신 이들을 구원하시기 때문이다.

2절 후반부의 "불에서 꺼낸 그슬린 나무토막"은 당시 하나님의 백성의 상태를 가장 잘 표현해 주고 있다.

존 웨슬리는 여섯 살 때 자신이 살던 교회 목사관에 화재가 나서 지붕이 내려앉는 중에 이웃의 도움으로 간신히 구출되었다고 한다. 그래서 늘 자신을 소개할 때 "불에서 꺼낸 그슬린 나무"라고 소개했다고 한다.

이 비유는 나무가 불 속에 떨어졌다가 주인에 의해 구출되었다는 것이다. 주인이 불 속에 떨어진 나무를 다시 꺼낸 것은 타다 남은 나무의 미래에 대하여 어떤 목적을 갖고 있기 때문에 완전히 타 없어지기 전에 그것을 꺼낸 것이다.

하나님께서는 이스라엘을 징벌하여 불같은 심판에 떨어뜨리셨지만 그들을 그 불 가운데서 다시 꺼내 주셨다. 선택하신 백성을 향한 하나님의 계획과 목적이 남아 있기 때문이다. 사탄은 하나님의 심판으로 끝나기를 바라지만, 하나님은 그에게 이렇게 말씀하신다.

"나 여호와는 결코 죄를 그냥 간과하지 않는다. 그래서 나의 백성을 불로 심판하였다. 그러나 나의 목적을 이루기 위해 그들을 불에서 꺼내 구원하였다. 그들에게는 불 속에 있을 때 입은 그슬림이 남아 있다. 아직 죄로 인한 허물과 상처가 남아 있다. 그러나 나는 내가 선택한 백성을 결코 포기하지 않는다."

하나님이 입히신 옷을 입고

하나님의 주권적인 선택은 맹목적인 것이 아니라 분명한 목적을 가지고 있다. 그러므로 그 목적을 이루기까지 하나님의 선택은 취소되지 않는다. 그 목적은 하나님의 자녀 삼는 것이고, 하나님 나라의 백성을 만드는 것이며, 그들을 통해 온 열방이 하나님께로 돌아오게 하는 것이다. 이 하나님의 목적을 위해 하나님은 그들을 돌아오게 하셨고 그들을 보호하시고 사탄의 고소를 막아 주신 것이다.

하나님께서 사탄의 고소를 받아들이지 않은 세 번째 이유는, 하나님께서 선택하시고 구원하신 이들을 정결하게 회복시키시기 때문이다.

만일 하나님께서 사탄의 고소를 막아 주시는 것으로 그쳤다면 하나님은 공의로우신 분이 아니다. 그것은 마치 자녀가 어떤 문제를 갖고 있는데, 그 자녀의 죄와 허물은 전혀 보지 못하고 자녀를 비난하는 사람들만 잘못되었다고 여기는 부모와 다르지 않기 때문이다. 공의로운 부모는 자녀에 대한 비난과 공격을 막을 뿐 아니라 그 자녀가 갖고 있는 죄와 허물에 대해 어떤 조치를 취한다. 이스라엘 백성을 향한 사탄의 고소를 막으신 하나님은 그들의 죄와 허물에 대해 놀랍게도 사랑과 은혜로써 조치하셨다.

4절에서 하나님은 사탄의 고소의 근거가 되었던 문제를 친히 해결해 주신다.

스가랴 3:4 여호와께서 자기 앞에 선 자들에게 명령하사 그 더러

> 운 옷을 벗기라 하시고 또 여호수아에게 이르시되 내가 네 죄악을 제거하여 버렸으니 네게 아름다운 옷을 입히리라 하시기로

이 구절은 구약성경 중에서 가장 아름다운 장면이다.

하나님께서 더러운 옷을 입고 있어 사탄의 고소를 받은 여호수아의 위기를 어떻게 해결해 주시는가를 보라. 여호수아가 입고 있던 더러운 옷을 벗기시고 아름다운 옷, 하나님 앞에 서기에 합당한 옷을 입혀 주심으로 사탄의 고소를 무력화시키셨다.

선택하신 백성을 불에서 꺼내실 뿐만 아니라 불에 들어가게 된 이유를 제거하시는 것이다. 근본적인 해결이다. 완전한 해결이다. 더 이상 사탄이 고소할 수 있는 이유가 없어진 것이다. 이것이 바로 우리 하나님께서 그리스도 안에서 행하시는 선택의 은혜요, 구원의 은혜요, 회복의 은혜다.

하나님이 그리스도의 십자가 안에서 우리에게 베푸신 은혜는 눈감아 주시는 용서가 아니다. 문제를 그대로 놔두고 모르는 체하시는 눈먼 은혜가 아니다. 우리의 죄 문제를 완전히 해결해 주셔서 사탄이 다시는 고소하지 못하도록 근거를 제거해 버리시는 근본적인 은혜요, 값비싼 은혜인 것이다.

이 아름다운 광경을 본 스가랴는 그 환상 속에 뛰어들어 그의 머리에 깨끗한 관을 씌워 달라고 간청한다. 그러자 천사가 여호수아의 머리에 깨끗한 관을 씌워 준다.

머리에 깨끗한 관을 씀으로써 여호수아는 하나님 앞에 합당

한 자격을 갖추게 된 것이다.

인간의 의는 모두 더러운 옷과 같다. 심지어 도덕적으로 의로운 행동도 더러운 옷과 같다.

> 이사야 64:6 무릇 우리는 다 부정한 자 같아서 우리의 의는 다 더러운 옷 같으며 우리는 다 잎사귀같이 시들므로 우리의 죄악이 바람같이 우리를 몰아가나이다

갓난아기는 스스로 옷을 갈아입을 수가 없다. 더러운 옷을 부모가 방치하면 그냥 입고 있을 수밖에 없다. 하나님 앞에서 우리는 갓난아기처럼 더러운 옷을 스스로 벗을 수 없다. 인간의 어떤 의로운 행동도 하나님에게는 더러운 옷에 불과하기에 우리의 의를 벗고 하나님께서 덧입혀 주시는 의로운 옷을 입어야 한다.

성경에서 최초로 타락한 인간과 최후에 회복되는 인간은 모두 옷과 관련이 있다. 창세기 3장에서 아담과 하와가 범죄하여 하나님 앞에 두려워서 스스로 무화과나무로 옷을 만들어 입었지만 하나님께서는 그들이 만든 옷을 벗기시고 가죽 옷을 만들어 입히셨다. 단지 가죽옷이 질기니까 오래 입으라고 주신 것이 아니다. 가죽 옷이란 어떤 생명이 죽어야 나오는 것이다. 타락한 인간이 하나님 앞에 설 때는 죄에 대한 대가를 치르는 생명의 대속이 있어야 가능하다는 것을 계시해 주신 것이다.

요한계시록에서는 마지막 날 새 하늘과 새 땅에 들어가는 하나님의 백성을 일컬어 흰 옷을 입은 큰 무리들이라고 표현하고 있다.

요한계시록 7:9-10 이 일 후에 내가 보니 각 나라와 족속과 백성과 방언에서 아무도 능히 셀 수 없는 큰 무리가 나와 흰 옷을 입고 손에 종려 가지를 들고 보좌 앞과 어린 양 앞에 서서 큰 소리로 외쳐 이르되 구원하심이 보좌에 앉으신 우리 하나님과 어린 양에게 있도다 하니

요한계시록 7:13-14 장로 중 하나가 응답하여 나에게 이르되 이 흰 옷 입은 자들이 누구며 또 어디서 왔느냐 내가 말하기를 내 주여 당신이 아시나이다 하니 그가 나에게 이르되 이는 큰 환난에서 나오는 자들인데 어린 양의 피에 그 옷을 씻어 희게 하였느니라

새 하늘과 새 땅의 백성은 어린 양의 피로 옷을 씻어 희게 한 사람들이다. 하나님께서 여호수아에게 아름다운 옷을 입혀 주시는 것은 하나님 앞에 정결함을 회복시켜 주시는 것이다.

우리는 하나님께서 덧입혀 주시는 그리스도 예수의 옷, 어린 양의 피로 옷을 씻어 희게 된 옷을 입지 않으면 하나님 앞에 나아갈 수 없는 존재들이다.

우리가 예수님을 믿는다는 것은 나를 대신하여 피 흘려 죽으신 예수님께서 나의 모든 죄를 대신 담당하셨기에 나의 모든 죄를 처리하시고 예수님의 의로움을 우리에게 덧입혀 주셨다는 것을 믿는 것이다. 마르틴 루터는 이를 가리켜 'The Great Exchange'(위대한 교환)라고 했다.

여러분은 이 위대한 죄와 의의 교환을 경험했는가? 이 위대한 교환을 경험하지 못했다면 끊임없이 사탄의 고소를 받게 될 것이다. 낙심하게 될 것이다. 죄책감에 빠지게 될 것이다. 새로운 시작을 경험하지 못할 것이다.

예배란 하나님께서 덧입혀 주시는 의의 옷을 입어야만 드릴 수 있는 것이다. 한자 의(義)가 가진 모양이 신기하다. 어린 양(羊)이 나(我)를 덮고 있지 않은가?

어린 양의 피로 대속하신 은혜로 우리의 더러운 옷을 깨끗하게 씻게 되기를 바란다. 하나님께서 우리의 더러운 옷을 벗기시고 입혀 주시는 아름다운 옷을 입고 하나님 앞에 나아가게 되기를 바란다.

하나님의 선택하심으로 값없이 의롭게 되었다는 것이 아무렇게나 살아도 된다는 뜻이 아니다. 믿음으로 의롭게 되었다는 것은 어떤 죄를 지어도 상관없다는 뜻이 아니다. 오히려 이제는 하나님의 율법을 지킬 수 있는 사람이 되었다는 의미다.

여호수아의 더러운 옷을 벗기시고 아름다운 옷을 입혀 주셔서 정결하게 회복시키신 후에 여호수아에게 명령이 주어진다.

스가랴 3:7 만군의 여호와의 말씀에 네가 만일 내 도를 행하며 내 규례를 지키면 네가 내 집을 다스릴 것이요 내 뜰을 지킬 것이며 내가 또 너로 여기 섰는 자들 가운데에 왕래하게 하리라

믿음으로 의롭게 된 자들에게는 순종의 의무가 따르는 것이다. 의롭게 되기 위한 순종이 아니라 그리스도로 옷 입은 자들답게 살기 위해 순종해야 하는 것이다. 대제사장 여호수아와 그 백성이 하나님의 제사장 나라로서 쓰임 받기 위해서는 순종해야 하는 것이다. 하나님께 순종하는 자에게 하나님은 하나님의 집을 다스리고 하나님의 뜰을 돌보고 섬길 수 있는 기회와 권위를 주신다.

회복을 이루라

하나님은 환상에 이어서 이러한 회복이 어떻게 가능하게 되었는지를 설명해 주신다. 그것은 바로 장차 오실 메시아이신 예수 그리스도를 통해 가능하다는 것이다. 하나님은 당시 대제사장 여호수아에 대한 말씀들에서 아주 멀리 앞으로 나아가서 진정한 대제사장이신 예수 그리스도를 소개하신다.

8절에서 여호수아의 대제사장직은 '앞으로 생길 일의 예표'라고 하셨는데, 그렇다면 앞으로 생길 일이란 무엇인가? 진정

한 대제사장으로 오셔서 하나님과 인간 간의 관계를 회복시키시는 예수 그리스도의 오심을 의미한다.

8-10절은 장차 오실 메시아를 세 개의 명칭으로 설명하고 있다.

첫째는 싹이다.

> 스가랴 3:8 대제사장 여호수아야 너와 네 앞에 앉은 네 동료들은 내 말을 들을 것이니라 이들은 예표의 사람들이라 내가 내 종 싹을 나게 하리라

싹 또는 순은 예수님의 별명이다. 우리 교회 순모임은 예수님의 모임이라는 뜻이다. 예수님께서 주인되시고 예수님을 닮아 가는 소그룹이라는 뜻이다. 구약에서 메시아의 오심을 예언할 때 '여호와의 싹', '이새의 뿌리에서 난 가지', '의로운 가지' 등으로 표현했다.

> 이사야 53:2 그는 주 앞에서 자라나기를 연한 순 같고 마른 땅에서 나온 뿌리 같아서 고운 모양도 없고 풍채도 없은즉 우리가 보기에 흠모할 만한 아름다운 것이 없도다

 순은 아주 작고 연약한 상태로 시작해서 후에 큰 나무로 성

장한다. 예수님도 순처럼 연약한 아기로 세상에 오셔서 생명의 시작이 되시고, 하나님 나라의 시작이 되셨다.

둘째는 종이다.

스가랴 3:8 내가 내 종 싹을 나게 하리라

구약에 나타난 메시아 예언에서 핵심적으로 나타나는 용어는 '종'이다. 어쩔 수 없어서 따르는 비굴한 종이 아니라 기쁘게 순종하는 종이다. 하나님의 아들이신 예수님이 스스로 자발적으로 종이 되셨다. 아버지의 뜻에 온전히 순종하여 죽기까지 순종하셨다.

빌립보서 2:6-8 그는 근본 하나님의 본체시나 하나님과 동등됨을 취할 것으로 여기지 아니하시고 오히려 자기를 비워 종의 형체를 가지사 사람들과 같이 되셨고 사람의 모양으로 나타나사 자기를 낮추시고 죽기까지 복종하셨으니 곧 십자가에 죽으심이라

셋째는 돌이다.

스가랴 3:9 만군의 여호와가 말하노라 내가 너 여호수아 앞에 세운 돌을 보라 한 돌에 일곱 눈이 있느니라 내가 거기에 새길 것

을 새기며 이 땅의 죄악을 하루에 제거하리라

장차 오실 예수님은 일곱 개의 눈이 있는 돌로 예언되었다. 일곱 개의 눈은 모든 것을 아시고 하실 수 있는 전지전능한 분이심을 의미한다. 나아가 온 땅에서 하나님의 임재를 경험하도록 인도하시는 성령님의 임재에 대한 암시이기도 하다.

돌 위에 새겨진 글은 놀랍다. '이 땅의 죄를 하루 만에 없애신다'는 것이다. 이 땅에 오신 메시아가 온 세상의 죄를 하루에 제거할 것이다. 이 말씀은 십자가의 사건을 예언하고 있다. 돌에 이 메시지를 새기시는 것은 취소되지 않고 반드시 이루어질 것을 의미한다.

히브리서 10:10 이 뜻을 따라 예수 그리스도의 몸을 단번에 드리심으로 말미암아 우리가 거룩함을 얻었노라

당시 대제사장은 해마다 수많은 희생제사를 드려 백성의 죄를 용서받았지만 이를 계속해서 되풀이해야 했다. 그러나 세상 죄를 지고 가는 하나님의 어린 양이신 그리스도는 고난당하여 죽으신 바로 그날에 해마다 드려진 속죄제사를 단번에 드림으로 속죄를 이루셨다.

예수님은 나무의 시작인 순일 뿐만 아니라 건물의 시작인 모퉁이돌이시기도 하다. 예수님은 믿지 않는 자들에게는 거치는

걸림돌이 되어 버려졌지만 믿는 자들에게는 건축자에게 요긴한 모퉁이돌이 되셨다.

> 베드로전서 2:4-5 사람에게는 버린 바가 되었으나 하나님께는 택하심을 입은 보배로운 산 돌이신 예수께 나아가 너희도 산 돌 같이 신령한 집으로 세워지고 예수 그리스도로 말미암아 하나님이 기쁘게 받으실 신령한 제사를 드릴 거룩한 제사장이 될지니라

예수님은 살아 있는 돌(Living Stone)이시다. 그리스도 안에 있는 자들은 예수님처럼 살아 있는 돌, 산 돌이 되어 신령한 집으로 세워지는 것이다.

그리스도께서 순이 되심으로, 그리스도께서 종이 되심으로, 그리스도께서 산 돌이 되심으로 그리스도 안에 있는 하나님의 백성에게 약속된 풍성한 삶이 있다.

> 스가랴 3:10 만군의 여호와가 말하노라 그날에 너희가 각각 포도나무와 무화과나무 아래로 서로 초대하리라 하셨느니라

포도나무와 무화과나무 아래로 서로를 초대한다는 것은 풍요로움과 평화로움을 의미한다. 단지 물질적인 풍요로움이 아니라 마음의 풍요와 평화로움, 하나님 나라의 의와 평강과 기

뿜이 가득한 풍요로움이다.

이러한 풍성한 삶은 그리스도의 십자가 앞에 나아와 이 땅의 모든 죄악을 하루에 제하신 그리스도의 은혜를 받아, 입고 있던 더러운 옷을 벗고 하나님께서 입혀 주시는 아름다운 옷, 의의 옷을 덧입은 성도들의 마음속에 임할 것이다.

이러한 풍성한 삶은 그리스도처럼 산 돌이 되어 살아 있는 하나님의 집으로 지어져 가는 그리스도의 교회 공동체 가운데 임할 것이다.

그리고 마침내 최후의 그날, 영광스러운 주님의 재림으로 이루어질 영원한 천국의 안식 가운데 임하게 될 것이다.

내가 이루리라

스가랴 4:1-14

사회에서는 어떤 일을 효과적으로 하기 위해서는 자신이 무엇을 잘할 수 있는지 분석하여 자신의 능력에 따라 일해야 한다고 가르친다. 맞는 말이다. 그런데 하나님께서 하시는 일을 보면 그러한 기준에 맞지 않을 때가 있다. 어떤 일을 잘할 수 있다고 생각되는 사람을 통해서 일이 이루어지지 않고, 그럴 능력이 전혀 없다고 생각되는 사람을 통해 일이 이루어질 때가 있는 것이다.

사사시대에 기드온이라는 사람이 용맹스런 군대장관으로 쓰임 받으리라고 예상한 사람은 아무도 없었다. 그는 당시 적인 미디안 사람들을 두려워하여 포도즙 짜는 큰 통 속에 숨어서 밀을 타작하는 '큰 겁쟁이'였다. 그런데 하나님은 그를 "큰 용사"라고 부르셔서 300명의 군사로 12만 명을 이기는 지도자로 사용하셨다.

아모스 선지자는 양을 치는 목자였고 과수원에서 이주 노동자로 일하던 사람이었다. 그러나 하나님께서 맡기신 특별한 임무를 잘 수행하여 왕 앞에서 진리를 전하는 선지자로 쓰임 받았다.

베드로 사도는 거친 성격의 어부였다. 다혈질이라 말도 거침없이 하는 지극히 평범한 사람이었다. 그런 그가 초대교회의 지도자로 수많은 사람을 구원하는 영적 지도자로 쓰임 받았다.

만일 그들이 자신의 능력만 의존했다면 그들을 통한 하나님의 놀라운 역사는 결코 일어나지 않았을 것이다. 그들에게 자신의 장단점을 평가한 후 능력에 따라 할 것인지 말 것인지를 결정하라고 했다면, 그들은 모두 도무지 감당할 수 없다면서 포기했을 것이다. 그랬다면 하나님께 쓰임 받은 사람은 하나도 없었을 것이다.

베드로가 사도가 되는 일도 없었을 것이며, 다윗이 이스라엘의 왕이 되는 일도 없었을 것이다. 요셉이 애굽의 총리가 되는 일도 없었을 것이며, 느헤미야가 성벽을 재건하는 일도 없었을 것이다. 바울이 선교사가 되는 일도 없었을 것이다.

하나님께서는 우리의 능력으로 할 수 없는 일을 이루시는 분임을 믿어야 한다. 하나님께서는 우리가 때로 하고 싶어 하지 않는 일도 시키실 수 있다.

하나님께 쓰임 받는 사람이 되려면 어떤 일을 결정할 때 두 가지 질문을 스스로 함으로써 분별할 수 있어야 한다.

첫째는 이 일이 내가 하고 싶은 일인가? 아니면 내가 해야 하는 일인가?

내가 하고 싶어도 하지 말아야 할 일이 있고, 내가 하기 싫어도 해야 할 일이 있다. 내가 해야 하는 일이 하고 싶은 일이라면 가장 좋겠지만 하나님의 일은 때로 내가 하기 싫어도 해야 하는 일도 있다.

둘째는 내가 할 수 있는 일인가가 아니라 하나님께서 하시고자 하는 일인가?

내가 할 수 있는 일인가 아닌가만을 따지게 되면 나의 능력에 하나님의 일을 제한하는 잘못을 범하게 된다. 우리는 대개 내가 하고 싶은 일을 하고, 내가 할 수 있는 일만 하기 때문에 하나님께서 하시는 일에 쓰임 받지 못하는 것이다.

포로에서 귀환한 이스라엘 백성에게 성전 재건은 어느새 그들이 할 수 없는 일이 되어 버렸다. 할 수 없는 일일 뿐 아니라 하기 싫은 일까지 되어 버렸다. 그 이유는 자신들의 능력으로 해 보려 했기 때문이다. 그들은 자신들의 능력이 한계에 도달했다고 생각했을 때 중단했고 이후 다시 시작하고자 하는 마음조차 사라지고 말았다.

하나님께서는 다섯 번째 환상을 통해 그들의 지친 마음을 새롭게 하시고 격려하신다. 특별히 당시 정치 지도자인 총독 스룹바벨을 격려하신다. 학개와 스가랴 선지자를 통해 성전 재건의 명령을 주셨지만 그 일을 이루어야 하는 정치 지도자는 스룹바벨이기 때문에 스룹바벨의 마음에 용기를 불어넣기 위해 이 환상에 스룹바벨의 이름을 등장시키신 것이다.

스가랴가 본 환상에는 순금 등잔대가 등장한다. 등잔대 꼭대기에 일곱 개의 대접이 달려 있고, 대접마다 등잔불이 있으며 그 대접 아래로 일곱 개의 대롱이 연결된 모습이다. 그런데 그 등잔대 좌우편에 두 그루의 올리브나무가 있다.

등대는 성전 안에서 중요한 의미가 있는 성물이었다. 이 성전 안에 있던 등대는 '메노라'라고 부르는데 유대 민족의 가장 중요한 상징물이다. 지금도 이스라엘 국회 앞에는 커다란 청동 등대가 있다.

성전 안에 있는 등대는 단지 어두움을 밝히는 역할만이 아니라 하나님의 거룩한 임재를 알리는 장치였다. 등대의 불이 늘 켜져 있는 것은, 하나님께서는 살아 계셔서 백성의 모든 형편을 보고 계시며 졸지도 주무시지도 아니하고 모든 기도를 듣고 계신다는 것을 알려 준다.

그런데 이스라엘이 범죄함으로 성전은 파괴되었고 등대의

빛은 꺼져 버렸다. 하나님께서는 이 환상을 통해 옛 성전의 등대보다 훨씬 더 밝은 새로운 등대를 보여 주셨다.

스가랴가 본 등대와 옛 성전 안에 있던 등대 사이에는 세 가지 중요한 차이점이 있다.

첫째, 옛 성전의 등대에는 기름 대접이 따로 있었는데 환상에 나오는 등대는 등대 꼭대기에 기름 대접이 있어서 직접 기름을 공급받을 수 있었다.

둘째, 환상 속의 등대는 대접이 꼭대기에 있을 뿐만 아니라 그 대접과 등대를 연결하는 관이 아주 많았다. 원어에는 관이 '일곱씩 일곱'이었다고 했으니 49개의 관이 있는 것이다. 49개의 관으로 기름을 공급할 수 있으니 옛 등대보다 얼마나 밝은 등대가 되었겠는가.

셋째, 환상 속의 등대 좌우편에 두 그루의 올리브나무가 있었다. 옛 등대는 제사장들이 매일 아침 기름을 가져다 보충하였지만 새로운 등대는 제사장이 필요 없었다. 좌우편에 있는 두 그루의 올리브나무로부터 직접 기름이 공급되기 때문이다.

스가랴가 천사에게 이것들이 무엇이냐고 질문하자 천사가 이 순금 등잔대가 의미하는 바를 설명해 준다.

스가랴 4:6 그가 내게 대답하여 이르되 여호와께서 스룹바벨에게 하신 말씀이 이러하니라 만군의 여호와께서 말씀하시되 이는 힘으로 되지 아니하며 능력으로 되지 아니하고 오직 나의 영으로 되느니라

왜 성전 재건이 중단되었는가? 스룹바벨이 자신의 힘과 자신의 능력으로 하려 했기 때문이다. 어떻게 성전 재건이 가능할 것인가? 오직 하나님의 영으로만 가능하다.

여기서 '힘'이라고 번역된 단어는 군대의 힘이나 부유한 재물의 힘을 의미한다. '능력'이라고 번역된 단어는 인간 개인의 육체적인 힘이나 재능 등을 의미한다.

스룹바벨은 페르시아에서 부여해 준 정치적인 힘으로 성전 재건을 시작했지만, 더 큰 정치 세력이 방해하자 곧 자신의 정치력에 한계를 느끼게 되었다. 스룹바벨은 페르시아에서 지원해 준 물자를 가지고 일을 시작했지만 백성의 자발적인 헌신이 뒷받침되지 않자 곧 한계에 부딪히게 되었다.

스룹바벨이 자신의 모든 힘을 다해 일해 보려 했지만 그의 기력은 곧 쇠진하게 되었다. 지도자가 계속적인 재충전을 받지 못한 채 기력을 다 소진하면 곧 탈진하여 쓰러질 수밖에 없다.

하나님께서는 이 환상을 통해 스룹바벨에게 무엇을 가르쳐 주시는가?

 첫째는 현재 하나님의 백성의 모습은 기름이 제공되지 않아

빛을 발하지 못하는 등대와 같다는 것이다. 아주 오랫동안 쓰임 받지 못해 녹이 슬어 버린 등대와 같다는 것이다.

이 등대는 무엇을 의미하는가? 온 세상에 빛을 발하도록 선택받은 하나님의 백성을 의미한다. 예수님은 성도들을 세상의 빛으로 부르셨다.

> 마태복음 5:14-16 너희는 세상의 빛이라 산 위에 있는 동네가 숨겨지지 못할 것이요 사람이 등불을 켜서 말 아래에 두지 아니하고 등경 위에 두나니 이러므로 집 안 모든 사람에게 비치느니라 이같이 너희 빛이 사람 앞에 비치게 하여 그들로 너희 착한 행실을 보고 하늘에 계신 너희 아버지께 영광을 돌리게 하라

요한계시록 1장 20절에서 일곱 금촛대는 일곱 교회라고 하셨다. 교회는 세상에 빛을 비추는 등대다. 교회 자체가 빛이 아니고 빛을 드러내는 촛대다.

하나님께서 포로에서 귀환한 백성에게 성전을 재건하라는 것은 성전을 재건하는 것 자체가 목적이 아니다. 하나님의 임재하심을 회복하고 세상에 빛을 비추는 백성이 되어야 함을 촉구한 것이다. 하나님의 임재하심이 없는 성전은 빛을 발하지 못하는 등대가 될 뿐이다.

둘째, 장차 하나님의 백성은 기름이 계속 공급되어 밝은 빛

을 발할 수 있게 된다는 것이다.

등대가 빛을 계속 비추려면 기름이 계속 공급되어야 한다. 기름은 성령님의 임재를 의미한다. 성경시대의 기름은 빛을 비추는 연료가 되기도 하지만 치유하는 약이 되기도 했다. 힘을 북돋우는 식료품이면서도 깨끗하게 닦는 도구가 되기도 했다. 이것은 성령님의 역할을 가장 잘 상징하고 있다.

하나님께서는 지금 하나님의 백성이 낙심하여 자포자기 상태에 있는 것은 성령님의 기름 부으심을 경험하지 못하기 때문이기에 이들에게 다시 성령님의 기름 부으심을 공급하겠다고 약속하신 것이다.

셋째, 이러한 성령의 기름 부으심은 기름 부음 받은 하나님의 사람을 통해 공급하신다는 것이다.

스가랴가 본 환상에 나오는 등대는 기름이 좌우편에 있는 두 그루의 올리브나무로부터 계속적으로 공급되고 있다는 것을 보여 주고 있다.

두 그루의 올리브나무는 무엇을 의미하는가?

스가랴 4:14 이르되 이는 기름 부음 받은 자 둘이니 온 세상의 주 앞에 서 있는 자니라 하더라

이 두 나무는 당시 대제사장 여호수아와 총독 스룹바벨을 의

미한다. 하나님께서 세운 두 명의 지도자들이 성령의 기름 부으심을 계속해서 공급받아 하나님의 백성에게 전달해 주는 역할을 한다는 것이다.

사람은 법과 제도를 만들어 세상을 변화시키려고 하지만 하나님은 사람을 변화시켜서 세상을 변화시키신다. 하나님의 방법은 언제나 사람이다. 성령님의 기름 부음을 받는 사람을 통해 하나님은 일하신다.

성령의 기름 부으심은 재능에 따라 주시는 것이 아니라 성품(마음의 태도)에 따라 주신다. 탁월한 재능을 가진 많은 사람들을 주목하시지 않고 하나님 앞에 청결한 마음으로 전심을 다하는 한 사람에게 기름 부어 주신다.

> 역대하 16:9 여호와의 눈은 온 땅을 두루 감찰하사 전심으로 자기에게 향하는 자들을 위하여 능력을 베푸시나니 이 일은 왕이 망령되이 행하였은즉 이후부터는 왕에게 전쟁이 있으리이다 하매

하나님께서는 자신의 재능을 의지하는 사람을 사용하시지 않는다. 하나님께서 원하시는 것은 우리의 재능이 아니라 순종이다.

예수님께서 하신 말씀 중에서 "낙타가 바늘귀로 들어가는 것이 부자가 하나님의 나라에 들어가는 것보다 쉬우니라"(마 19:24)는 말씀이 있다. 부유함에 만족하여 하나님으로부터 쉽게

멀어질 수 있다는 경고의 말씀이다. 그런데 이 말씀은 타고난 재능이 많은 사람에게도 동일하게 적용된다.

낙타가 바늘귀로 들어가는 것이 재능이 많은 사람이 하나님의 나라를 위해 쓰이는 것보다 쉽다. 왜냐하면 재능이 많은 사람은 성령의 능력보다 자신의 능력을 의지하기 때문이다.

우리는 타고난 재능과 성령의 은사를 혼동하지 말아야 한다. 성령의 은사는 타고난 재능을 통해서 나타날 수도 있지만 근본적으로는 다르다. 영적 은사를 발견하는 세미나와 체크리스트의 위험은 자신의 타고난 재능과 성령의 은사를 혼동할 수 있다는 것이다.

하나님께서는 때로 우리의 강한 영역이 아니라 약한 영역에서 섬기도록 인도하실 수 있다. 재능이 없어 보여도 순종하면 놀라운 성령의 은사가 나타난다. 세상은 자신의 능력을 알고 일하라고 말하지만 성경은 자기를 부인하고 일하라고 말한다. 자신을 부인하는 자를 통해 성령님의 능력이 역사하시기 때문이다.

성령님의 능력이 역사하시는 데 있어서 가장 큰 장애물은 자기 자신이다. 자기로 가득 차 있는 사람은 하나님께서 채워 주실 수가 없다. 설교가 무디는 "우리가 십자가에서 스스로에 대하여 죽는다면 성령 하나님이 임재하시는 것을 이렇게 오랫동안 기다리지 않아도 된다"고 말했다.

 모세가 40세까지 애굽의 왕자로 살았지만 애굽 왕자의 힘과 지위로는 하나님께 쓰임 받지 못했다. 80세까지 광야의 목자로 살면서 그는 자신이 하나님께서 역사하시지 않으면 아무것도 아닌 존재라는 것을 깨달았다. 하나님께서는 모세가 스스로 자신을 부인하는 단계에 이를 때까지 기다리셨던 것이다.

순금 등대 옆에 있는 두 그루의 올리브나무는 문자적으로는 당시 대제사장 여호수아와 총독 스룹바벨을 의미하지만 예언적으로는 장차 대제사장직과 왕직을 성취하는 메시아로 오시는 예수 그리스도를 의미한다. 성령의 계속적인 기름 부으심은 예수 그리스도 안에 거하는 사람에게 주어진다는 것이다.

> 요한복음 15:5 나는 포도나무요 너희는 가지라 그가 내 안에, 내가 그 안에 거하면 사람이 열매를 많이 맺나니 나를 떠나서는 너희가 아무것도 할 수 없음이라

우리 삶을 통해 역사하시는 성령님의 공급하심이 없이는 우리가 하는 모든 것은 나무에서 떨어져 죽은 가지와 같다. 성령님은 그리스도를 높이는 이와 함께하시고 그리스도께 순종하여 거하는 자에게 충만하게 능력을 부어 주신다.

따라서 내가 세상에 내어 줄 것이 무엇인가를 바라보지 않고 성령님의 능력이 나를 통해 역사하시도록 내어 드리는 것이 중요하다. 내가 하나님을 위해 하고자 하는 일에 집착하지 않고 하나님께서 나를 통해 하시고자 하는 일에 집중하는 것이 중요

하다. 내가 갖지 못한 능력들에 연연하지 않고 이미 성령님께서 주신 은사들을 순종함으로 헌신하는 것이 중요하다.

하나님이 하신 일은 이렇게 다르다

그러면 성령님의 기름 부으심을 받아 하나님의 능력을 힘입어 일하는 사람을 통해서 어떤 일들이 일어나는가? 스가랴 4장은 이에 대해 세 가지로 말씀하고 있다.

첫째는 하나님의 능력을 힘입어 일하면 큰 산과 같은 장애물들이 사라져 평지같이 순탄하게 된다.

> 스가랴 4:7 큰 산아 네가 무엇이냐 네가 스룹바벨 앞에서 평지가 되리라 그가 머릿돌을 내놓을 때에 무리가 외치기를 은총, 은총이 그에게 있을지어다 하리라 하셨고

이스라엘 앞에 놓인 큰 산과 같은 장애물들은 무엇인가? 정치적으로는 반대 세력의 위협과 방해가 있었다. 경제적으로는 성전을 재건할 만한 여력이 없었다. 영적으로는 성전에 가득해야 할 하나님의 임재하심을 간절히 사모하는 열정이 없었다.

이러한 큰 산과 같은 장애물들이 있을지라도 하나님의 능력

이 임하면 100년이 걸려도 이루지 못할 일도 채 1년도 되지 않아 이루어질 수 있다.

자기 힘으로 일하면 평지도 큰 산처럼 어렵고, 하나님의 힘으로 일하면 큰 산도 평지처럼 순탄해지는 것이다. 여러분의 힘으로 큰 산을 치우려 하지 말고 하나님의 큰 손으로 산을 치워 주시도록 의지하고 간구하라.

"하나님! 제 힘으로는 감당할 수 없는 큰 산입니다. 그러나 하나님께는 평지와도 같은 문제일 뿐임을 믿습니다. 스룹바벨 앞에 있는 큰 산이 평지가 되리라 말씀하신 이 예언이 나의 삶 속에서도 이루어지게 하옵소서!"

둘째는 하나님의 능력을 힘입어 일하면 그 일이 완성될 때 온전히 하나님의 은혜만을 찬양하게 된다.

7절 후반에서 스룹바벨이 성전의 머릿돌을 가지고 나올 때 "은총, 은총이 그에게 있을지어다"고 외치는 소리가 있을 것이라고 말씀하셨다.

여기서 머릿돌은 공사를 모두 마무리하고 마지막 놓는 돌을 의미한다. 9절에서는 스룹바벨의 손이 이 성전의 기초를 놓았기에 그의 손이 성전을 완성할 것이라고 하셨다. 스룹바벨이 성전을 완성하고 머릿돌을 놓을 때 모두가 한목소리로 "은혜, 은혜가 거기에 있다"고 소리쳐 찬양하는 것이다. 스룹바벨의 지도력으로 완성되었지만 그에게 영광이 돌려지는 것이 아니라 하나님의 은혜를 찬양하는 것이다.

어떤 일을 완성시키고 나서 이 모두가 우리의 능력이 아니라 하나님의 은혜였다고 고백한다면, 그가 바로 성령님의 능력으로 일하는 사람이다.

사도 바울이 "나의 나 된 것은 다 하나님의 은혜라", "지금까지 지내 온 것 주의 크신 은혜라"고 고백하며 모든 것을 하나님의 은혜로 돌리는 것이 성령님께서 하시는 일의 결과다.

요한계시록에는 24장로들이 하나님께 예배하면서 자기의 면류관을 보좌 앞에 내려놓는 모습이 그려져 있다. 천국 예배의 클라이맥스는 성도들이 자기의 면류관을 보좌 앞에 드리는 것이다. 참된 예배는 보좌에 계신 주님의 영광을 보며 자신이 주님께서 씌워 주신 그 어떤 면류관도 받을 자격이 없음을 깨닫고 면류관을 벗어 주님 앞에 내려놓고 경배하는 것이다. 그러므로 이 땅에서 스스로 영광의 면류관을 만들어 쓰는 사람들은 참으로 어리석고 악한 사람들이다.

처음부터 끝까지 우리의 능력이 아니라 하나님의 은혜로 이루어진 것이기 때문에 우리는 결코 어떤 면류관도 받아서는 안 되며, 면류관을 벗어서 은혜를 주신 하나님 앞에 놓는 것이 마땅하다.

셋째는 하나님의 능력을 힘입어 일하면 그 일에 대해 부정적이고 무시하던 사람들조차 함께 기뻐하게 된다.

스가랴 4:10 작은 일의 날이라고 멸시하는 자가 누구냐 사람들이 스룹바벨의 손에 다림줄이 있음을 보고 기뻐하리라 이 일곱은 온 세상에 두루 다니는 여호와의 눈이라 하니라

성전 재건 사역이 시작될 때 이를 무시하고 하찮게 여긴 두 부류의 사람들이 있었다. 한 부류의 사람들은 신앙이 없는 현실주의자들이다. 이스라엘의 현실을 볼 때 당장 할 일은 경제 건설이지 성전 재건이 아니라는 사람들이다.

또 한 부류의 사람들은 신앙이 있는 비현실주의자들이다. 이들은 스룹바벨이 놓은 성전 기초를 두고 불평했다. 너무 초라하다는 것이다. 과거 솔로몬 성전의 화려한 모습과 비교할 때 너무 볼품이 없어서 실망스럽기도 하고 그래서 하찮게 여겼다. 이상만 높아서 현실을 냉철하게 인식하지 못하는 사람들이다.

그런데 이 두 부류의 사람들이 스룹바벨의 손에 다림줄이 있는 것을 보고 함께 즐거워하게 되리라는 것이다. 지도자 스룹바벨의 손에 통치자를 의미하는 지시봉만 있는 것이 아니라 다림줄이 있다는 것은 그가 말만 한 게 아니라 솔선수범으로 직접 참여했다는 것을 의미한다.

성령님께서 역사하시는 일에는 처음에는 불평하고 하찮게 여기던 사람들이 능동적으로 참여하며 기쁨을 누리게 된다. 하나님께서 하시는 일은 일은 잘되고 사람은 다치는 일이 없다. 일도 되고 사람도 회복되고 공동체도 살아나는 것이다.

하나님께서 하시는 모든 일은 처음에는 하찮은 일처럼 보인다. 하찮아 보이는 작은 씨앗에서 큰 열매가 맺어지듯이, 과연 이 일이 가능할까 의심도 되고 초라해 보이기도 하지만 하나님은 그러한 과정을 통해 일하심으로써 하나님의 능력으로 이루어졌다는 고백을 들으신다.

악을 제거하리라

스가랴 5:1-11

이 시대에 가장 오염된 단어가 있다면 바로 사랑이다. 노래는 물론이고 드라마, 영화, 문학 등 모든 영역에서 사랑이 넘쳐 나고 있다. 그런데 홍수가 나면 온통 물이지만 먹을 수 있는 깨끗한 물이 없듯이, 사랑의 홍수가 났지만 진정한 사랑을 만나기는 어렵다. 왜 사랑이 이렇게 오염되었을까? 사랑에서 거룩과 공의가 빠졌기 때문이다.

요즘에는 "하나님이 당신을 사랑하십니다"라고 말해도 사람들이 별로 놀라지 않는다. 그 하나님의 사랑이 어떤 사랑인지를 자기 나름대로 해석해 버리기 때문이다. 사랑이 오염된 만큼 사람들은 하나님의 사랑 또한 오해한다.

성도들에게 하나님의 성품 중 가장 좋아하는 성품을 꼽아 보라고 하면, 아마 거룩이나 공의보다 사랑이라는 대답이 훨씬 더 많이 나올 것이다. 또 때로 거룩이나 공의의 성품을 사랑의 성품보다 못하거나 종속적이고 하위적인 성품으로 여기기도 한다. 그러나 우리 눈에는 하나님의 거룩하심이나 공의로우심이 하나님의 사랑과 모순되고 상충되는 것 같지만 그것은 하나님의 문제가 아니라 우리의 문제 때문에 생기는 오해다. 하나님의 사랑과 하나님의 거룩하심은 완전하게 하나됨을 이룬다.

사랑이 거룩보다 중요하다면 예수님은 십자가에 못 박히실 필요가 없었다. 거룩과 사랑이 동등하기 때문에 죄인을 구원하시는 동시에 하나님의 거룩하심을 만족시키기 위해서 갈보리의 십자가가 있어야 했던 것이다.

예수님은 모든 사람을 '있는 그대로' 받아들이셨다. 그러나 '무분별하게' 받아들이지는 않으셨다. 하나님의 사랑은 '무조건적인' 사랑이다. 그러나 '무분별한' 사랑은 아니다. 하나님의 용서는 '악을 묵인하거나 방치하는 포용'이 아니다. 하나님의 용서는 '악을 처리하고 심판해야만 받아들여지는 포용'이다.

사랑하므로 악을 치리해야 한다

하나님은 악을 처리하시고 심판하시는 환상을 보여 주심으로써 그 백성에 대한 사랑을 보여 주신다.

5장에는 두 가지 환상(여섯 번째, 일곱 번째)이 연이어 나오는데 서로 다른 그림이지만 서로 연결되어 있고 동일한 교훈을 전해 주고 있어서 함께 살펴보는 것이 좋겠다.

지금까지 보여 준 환상들은 모두 격려와 회복을 약속하시는 것이었다. 그런데 여섯 번째, 일곱 번째 환상은 심판과 경고를 약속하시고 있다. 말씀의 분위기가 바뀐 것이다. 그러나 하나님은 여전히 동일하신 하나님이시다.

예루살렘에 하나님이 돌아오시고, 다시 번성하며, 불 성벽으로 지켜 주시고, 눈동자처럼 보호하시는 사랑의 하나님이 하나님의 백성의 악을 심판하실 것이라고 말씀하신다.

하나님은 진정 사랑의 하나님이시다. 악을 벌하지 않는 사랑은 사랑이 아니다. 하나님께서 악을 저주하지 않으신다면 하나님은 선하신 하나님이 아니다. 지옥이 없다면 천국도 없는 것이다. 지옥을 제대로 믿지 않고서 천국을 제대로 믿을 수 있는 사람은 없다.

처음 다섯 가지 환상은 예루살렘에 하나님이 임하실 것에 초점이 맞춰져 있다. 그런데 하나님께서 예루살렘에 임하신다면 예루살렘에서 무엇인가는 떠나야 한다. 하나님께서 사랑으로 다시 예루살렘에 오신다면 하나님의 거룩하심 앞에 합당하지 않은 것은 예루살렘으로부터 제거되어야 하는 것이다. 하나님께서 오시기 위해서는 하나님과 함께 있을 수 없는 죄와 악에 대한 심판이 먼저 이루어져야 하는 것이다.

하나님께서 우리가 드리는 예배 가운데 임하실 것을 구하려면, 반드시 십자가 앞에 우리의 죄를 내려놓아야 한다. 하나님께서 사랑으로 임하시려고 해도 하나님의 거룩이 가로막기 때문이다. 따라서 십자가를 통과하지 않고는 결코 하나님 앞에 나아갈 수 없으며 하나님의 임재하심을 체험할 수 없다.

여섯 번째 환상은 날아다니는 두루마리 환상이다. 스가랴가 눈을 들어 보니 알라딘의 카펫같이 넓은 두루마리가 하늘을 날아다니고 있었다.

이 두루마리의 크기는 길이가 20규빗, 너비가 10규빗이었다고 한다. 규빗은 성인 남자의 팔꿈치에서 손가락 끝까지의 길이를 말하는데 일반적으로 1규빗은 45cm다. 20규빗은 9m, 10규빗은 4.5m가 된다. 상당히 큰 두루마리다.

이 두루마리의 크기와 동일한 크기가 성경에 나오는데 성전의 낭실이다.

> 열왕기상 6:3 성전의 성소 앞 주랑의 길이는 성전의 너비와 같이 이십 규빗이요 그 너비는 성전 앞에서부터 십 규빗이며

성전의 낭실은 율법이 낭독되는 곳이면서 동시에 재판이 이루어지는 곳이기도 했다. 따라서 이 환상에서 두루마리의 크기와 성전의 낭실의 크기가 같은 것은 우연이 아니다.

이 두루마리의 크기를 통해 이 두루마리가 하나님의 율법에 근

거하여 세상을 심판하는 도구라는 것을 알려 주고 있는 것이다.

이처럼 두루마리가 저주하는 도구로 나타난 것은 하나님의 율법에 저주의 내용이 있기 때문이다. 신명기 28장에 보면 순종할 때 받는 복과 불순종할 때 받는 저주가 나온다. 그런데 68구절이나 되는 28장에서 복에 대한 약속은 14구절이고 저주에 대한 약속은 54구절이나 된다. 저주에 대한 약속이 몇 배나 더 많은 이유는 그만큼 우리가 불순종하기 쉽기 때문이다.

복에 대한 약속은 읽기만 해도 신난다.

"성 안에서도 복을 받고 들판에서도 복을 받고… 들어와도 복을 받고 나가도 복을 받고… 머리가 되고 꼬리가 되지 않고… 항상 위에만 있고 결코 아래에 있지 않고…."

그런데 저주에 대한 약속은 정반대다.

"성 안에서도 저주를 받고 들판에서도 저주를 받고… 들어와도 저주를 받고 나가도 저주를 받고…."

우리는 복에 대한 약속을 읽다가 저주에 대한 말씀이 나오면 덮어 버리고 싶다. 그러나 끝까지 읽어야 균형 잡힌 신앙생활을 할 수 있다.

스가랴 5:3 그가 내게 이르되 이는 온 땅 위에 내리는 저주라 도둑질하는 자는 그 이쪽 글대로 끊어지고 맹세하는 자는 그 저쪽 글대로 끊어지리라 하니 날아다니는 두루마리는 하나님께서 죄악을 범한 사람을 저주하시기 위해 보낸 것이다. 이 두루마리는 요즘 첨단 기술인 위성추적장치보다 더 정확하게 표적을 찾아 하나님의 저주를 받을 수밖에 없는 사람들에게 정확하게 인도된다. 두루마리란 보통 둘둘 말려 있어야 하는데 이 두루마리는 펼쳐져 있어서 하늘을 날고 있다. 하늘을 날고 있다는 것은 애드벌룬처럼 어디서든지 그 내용을 볼 수 있다는 것이기도 하고 하늘을 날다가 언제든지 실행할 수 있다는 의미이기도 하다.

이 날아다니는 두루마리가 표적으로 삼는 사람은 두 가지 계명을 어긴 사람들이다. 도둑질하는 사람과 거짓 맹세하는 사람이다. 십계명 중 8계명과 3계명이다. 그러나 단지 이 두 계명만 어긴 사람들이 표적이 된다는 뜻이 아니다. 이 두 가지 계명은 당시 이스라엘 백성이 가장 보편적으로 범하던 죄를 대표한다. 8계명과 3계명은 각각 돌판에 새겨진 다섯 계명 중 중간에 위치한 것들이다. 도둑질하는 것은 인간에 대한 죄, 즉 6~10계명까지를 의미하고, 거짓 맹세하는 것은 하나님에 대한 죄, 즉 1~5계명까지를 의미한다.

이제 환상의 메시지의 주인공이 지도자들에게서 백성 전체로 옮겨졌다. 대제사장 여호수아와 정치 지도자 스룹바벨을 회복시키고 격려하시는 환상에서 공동체 전체가 거룩한 백성으로 변화되어야 함을 보여 주시는 것이다.

이러한 말씀은 포로에서 귀환한 백성의 영적 상태를 보여 주는 것이기도 하다. 약속의 땅 가나안으로 돌아왔음에도 불구하고 그들은 우상을 숭배하고 십계명을 어기는 삶을 여전히 살고 있었던 것이다. 나라를 잃어 포로로 잡혀간 과거의 실패를 잊어버리고 다시 과거로 되돌아가고 있는 것이다.

특별히 도둑질과 거짓 맹세가 횡행했다는 것은 그만큼 당시 사회가 살기 어려웠다는 것을 알려 준다. 살기 어려워지면 도둑질과 거짓 맹세에 빠질 가능성이 높기 때문이다. 하지만 반드시 그런 것은 아니다. 살기 어렵더라도 하나님을 사랑하고 거룩한 삶을 사는 성도들이 많다.

오늘날 후진국을 벗어나지 못한 많은 나라들이 가난을 이유로 부패를 묵인하고 공의로운 사회를 추구하지 못한다. 그러나 가난 때문에 악을 느슨하게 치리하는 사회는 더욱더 가난에 빠지게 되고 가난의 굴레를 벗어나지 못한다. 포로에서 귀환한 백성은 살기 어렵다는 이유로 율법을 허술하게 시행하고 율법을 왜곡하고 심지어 율법을 범하는 일을 너무나 쉽게 생각했던 것이다. 경제가 어렵더라도 하나님의 말씀과 거룩한 삶을 포기하지 않는 믿음을 가지기를 원하라. 그것이 회복의 길이고 재건의 길이다.

하나님께서는 한편으로는 성전을 재건하라고 촉구하고 계시지만 그와 동시에 다른 한편으로는 악행은 심판하신다고 경고하고 계신다. 악행으로부터 떠나지 않고 이뤄지는 성전 재건은 아무 의미가 없기 때문이다.

날아다니는 두루마리는 악을 행하는 각 집에 들어가서 심판을 행한다고 한다.

> 스가랴 5:4 만군의 여호와께서 이르시되 내가 이것을 보냈나니 도둑의 집에도 들어가며 내 이름을 가리켜 망령되이 맹세하는 자의 집에도 들어가서 그의 집에 머무르며 그 집을 나무와 돌과 아울러 사르리라 하셨느니라 하니라

하나님의 저주는 각 집에 임하는 것이다. 출애굽할 때 각 집에 심판이 임한 것처럼 말이다. 각 사람이 아니라 각 집이라고 한 것은 가족 공동체로서 서로 연대 책임을 지는 것임을 의미한다. 가족 중 한 사람의 악함이 가족 전체에 깊은 영향을 미치기 때문이다.

또 집이라고 하신 이유는 악한 자들이 은신처에 숨을지라도 그 집까지 찾아내서 임하신다는 의미다. 사람들의 시선을 피해 숨는 데 성공할지 몰라도 하늘을 날아다니는 저주의 두루마리는 피할 수 없다.

그런데 하나님의 저주는 집에 들어가되 잠시 저주하고 지나는 정도가 아니라 머문다고 하셨다. 언제까지 머무시는가? 그 집의 들보와 돌들까지 모두 없어질 때까지 머무신다. 대개 집

에 화재가 나도 들보는 남는다. 태풍으로 집이 무너지고 쓰나미가 덮쳐도 기초를 놓은 돌들은 남는다. 그런데 하나님은 그 집에 저주가 머물되 철저하고 완전하게 무너뜨리신다고 하신 것이다.

이 철저하고 참혹한 하나님의 저주가 임하는 집이 되지 않기를 간절히 바란다. 하나님의 저주의 두루마리는 피할 수 없고 숨을 수 없으며 막을 수 없기에 이 두루마리의 표적이 되지 않는 삶을 살기를 바란다.

예전에 미국의 어느 대통령이 '악의 축'과의 전쟁을 선포했다. 그런데 '악의 축'은 사라졌는가? 사라지지 않았다. 미국의 국방력이 약해서 악의 축을 제거하지 못한 것이 아니다. '악의 축'의 주소를 잘못 찾았기 때문이다. 세상에 많은 악이 돌아다니지만 '악의 축'은 바로 우리 자신 안에 있다.

체스터턴(G. K. Chesterton)이라는 유명한 크리스천 사상가에게 런던 타임스가 '세상이 왜 이렇게 악한가?'라는 주제로 에세이를 써 달라고 부탁했다. 체스터턴은 이때 역사상 가장 짧은 에세이를 썼다고 한다. 그 내용을 요약하면 이렇다.

"내가 문제요."

내 안에 있는 악의 축을 제거하지 않으면 나와 우리 집도 날아다니는 두루마리의 표적이 될 수 있다. 위협하는 것인가? 맞다. 위협이다. 협박하는 것인가? 맞다. 협박이다. 죽이기 위한 위협이 아니라 살리기 위한 위협이다. 살리기 위한 협박이다.

사랑의 위협이요 사랑의 협박이다. 이 사랑을 잘 받아들여 회복되고 축복의 삶으로 나아가야 한다.

거짓으로 도둑질하는 에바

일곱 번째 환상은 에바라는 곡물을 담는 용기 안에 한 여인이 앉아 있는 환상이다. 에바는 약 22~24리터의 곡물을 담는 측량 도구를 말한다. 곡물이 있어야 할 이 상자에 여인이 들어 있다는 것이 충격적이다. 말려 있어야 할 두루마리가 하늘을 날아다니듯이 충격적이고 이상한 장면이다.

> 스가랴 5:6-7 내가 묻되 이것이 무엇이니이까 하니 그가 이르되 나오는 이것이 에바이니라 하시고 또 이르되 온 땅에서 그들의 모양이 이러하니라 이 에바 가운데에는 한 여인이 앉았느니라 하니 그때에 둥근 납 한 조각이 들리더라

천사는 이 에바 속에 있는 여인이 뜻하는 것은 온 땅에 있는 악의 모습이라고 설명해 준다. 그렇다면 먼저 생각해 볼 질문은 왜 에바라는 측량 도구에 악으로 상징되는 여인이 앉아 있는가이다.

구약에서 에바는 종종 상거래의 부정행위와 관련해 언급되

었다. 잠언 20장 10절에서는 한결같지 않은 저울 추와 한결같지 않은 되(에바)는 모두 여호와께 가증한 것이라고 했고, 미가서 6장 10절에서도 "악인의 집에 아직도 불의한 재물이 있느냐 축소시킨 가증한 에바가 있느냐"고 지적했다.

아모스 선지자도 당시 이스라엘 백성이 가장 많이 범한 죄가 에바를 작게 하고 저울을 속여 부정한 이익을 남기는 악행이었다고 지적했다.

이전 환상에서 이스라엘 백성이 범한 죄가 도둑질과 거짓 맹세라고 지적했는데, 이 또한 돈과 경제와 관련되어 있다. 여기에 에바는 거짓을 통한 도둑질에 가장 많이 사용된 도구였다. 따라서 에바는 하나님의 저주를 불러온 당시 이스라엘 사회의 경제적인 불의함을 표현하고 있다. 고도의 상징 기법이다.

그러면 두 번째 떠오르는 질문이 있다. 왜 악의 상징이 여인인가이다. 남자가 오히려 더 많은 죄를 짓지 않았겠냐고 반문하는 사람도 있을 것이다.

이에 대해서는 학자마다 의견이 분분하다. 히브리어에서 악이라는 단어가 여성형이기 때문이라는 주장도 있고, 당시 유행하던 우상들이 대개 여성신들이었기 때문이라는 주장도 있다. 또 창세기에서 제일 먼저 타락한 하와의 모습이라는 주장도 있다. 모두 일리 있다. 그러나 나의 생각은 이렇다.

"하나님 앞에서 모든 인간은 여성"이라고 주장한 루이스(C. S. Lewis)의 말에 근거해서 에바 속의 여인은 단지 여성이 아니라 하나님 앞에서 죄인된 모든 인간에게 영향을 미치는 악을 상징한다고 보는 것이다. 극악무도한 악인들을 보면 어쩌면 저럴 수 있을까 생각하는데, 사실 우리도 같은 상황과 처지에 놓이면 그럴 수 있는 사람들이다. 에덴에서 쫓겨난 뒤로 인간은 죄와 악에서 달인의 경지에 이르렀다.

하나님이 악을 제어하신다

중요한 것은 악을 상징하는 이 여인이 에바 속에서 어떤 행동을 했으며, 하나님께서 어떻게 조치했는가이다.

7절에 보면 납으로 된 뚜껑이 들려 올려졌다고 하는데 이것은 에바 속에 있는 악이 밖으로 나와 세상에 영향을 미치려 한 것이다. 그러자 8절에서 천사가 이 여인을 에바 안으로 밀어 넣은 뒤 납 뚜껑으로 덮어 버린다.

> 스가랴 5:8 그가 이르되 이는 악이라 하고 그 여인을 에바 속으로 던져 넣고 납 조각을 에바 아귀 위에 던져 덮더라

납은 무거운 금속이다. 납 뚜껑으로 덮었다는 것은 하나님의 능력으로 악을 통제하고 있다는 것을 의미한다. 악이 밖으로 나오려 했지만 도리어 에바 속으로 밀어 넣으시고 덮어 버리셨

다는 것이다.

악이 에바 밖으로 나오려 한 것은 매우 은밀한 시도였다. 악은 몰래 빠져나와 우리가 악을 행하도록 은밀히 유혹한다. 그러나 하나님께서는 어떤 악도 제어하실 수 있으며 악이 숨어 있던 에바를 도리어 그 악의 감옥으로 사용하신다.

지구상에서 일어나는 수많은 악한 사건들을 보면서 왜 하나님은 이러한 악을 허용하시는가 하는 질문을 할 수 있다. 그리고 왜 이러한 악을 막아 주시지 않을까 하는 의문을 가질 수 있다.

하나님께서 만일 악한 인간들이 생각하는 대로, 하고 싶은 대로 내버려 두셨다면 이 지구는 진작에 파멸했을 것이다. 다시 말해 하나님께서 허락하시는 악보다 막고 계시는 악이 훨씬 더 많다. 비교할 수 없을 정도로 많다. 때로 왜 하나님께서 나의 집과 공장에 화재가 나도록 허락하신지 모르겠다고 원망할 수 있지만 수없이 많은 지난 세월 동안 하나님께서 무사하도록 지켜 주시고 보호하셨음을 잊지 말아야 한다. 우리는 집이 불타면 하나님을 탓하면서 집이 불타지 않을 때는 하나님께 감사하지 못한다. 우리가 현재의 고통을 크게 느끼는 것은, 뒤집어 말하면 하나님이 지금까지 우리가 당할 많은 고통을 막아 주셨다는 반증이다.

데살로니가후서 2:7-8 불법의 비밀이 이미 활동하였으나 지금은 그 것을 막는 자가 있어 그중에서 옮겨질 때까지 하리라 그때에 불

법한 자가 나타나리니 주 예수께서 그 입의 기운으로 그를 죽이시고 강림하여 나타나심으로 폐하시리라

불법의 비밀을 막으시고 옮겨질 때가 있다고 하셨다. 에바 속에 있던 여인이 옮겨지는 모습이 다음에 나타난다.

스가랴 5:9-11 내가 또 눈을 들어 본즉 두 여인이 나오는데 학의 날개 같은 날개가 있고 그 날개에 바람이 있더라 그들이 그 에바를 천지 사이에 들었기로 내가 내게 말하는 천사에게 묻되 그들이 에바를 어디로 옮겨 가나이까 하니 그가 내게 이르되 그들이 시날 땅으로 가서 그것을 위하여 집을 지으려 함이니라 준공되면 그것이 제 처소에 머물게 되리라 하더라

학의 날개를 가진 두 여자가 악이 갇혀 있는 에바를 높이 들어 시날 땅으로 옮긴다. 시날 땅은 바벨론을 가리킨다. 시날 땅은 하나님을 반역한 인간들이 바벨탑을 쌓던 장소다. 악이 자리 잡고 머물기 좋은 땅이다. 우상숭배, 부정과 압제, 착취가 가득한 곳으로 하나님의 심판을 기다리고 있는 땅이다.

하나님께서 악을 에바 속에 가둘 뿐만 아니라 시날 땅으로 옮기셔서 그곳에서 최후의 심판을 기다리게 하신다는 것이다.

하나님은 악을 제어하실 뿐만 아니라 악을 시날 땅으로 옮기셔서 최후의 심판 때까지 기다리게 하신다. 하나님은 악만 시

날 땅으로 옮기기 원하시지 우리까지 거기로 보내기를 원하시지 않는다. 그런데 악이 앉아 있는 에바 속으로 자처해서 들어감으로써 함께 시날 땅으로 옮겨지는 사람들이 있다. 악이 납 뚜껑을 열고 은밀히 들어오라고 초청할 때 그 초청에 응하여 에바 속으로 들어갔다가 하나님께서 그 뚜껑을 닫으시고 시날 땅으로 옮기시므로 영원히 돌아오지 못하는 사람들이다.

하나님께서는 우리를 사랑하셔서 우리 안에 있는 악을 제거하고 우리를 축복하기를 원하신다. 우리가 그 악을 버리지 않고 품고 있으면 날아다니는 두루마리가 우리 집을 덮치고 머무르며 들보까지 다 없앨 수 있다.

이 악은 에바 속에 갇혀 있다. 우리가 스스로 그 에바 속으로 들어가지 않는 한 그 악은 하나님의 통제 속에 있다. 언젠가 완전히 멸망할 것이다.

악이 들어 있는 에바를 멀리하라. 에바가 정직한 도구가 되게 하라.

모든 상거래에서도 악을 멀리하라. 모든 은밀한 악의 유혹을 대적하라. 하나님의 저주가 아니라 하나님의 복이 임하는 삶을 살게 될 것이다.

너희는 왕 같은 제사장이라

스가랴 6:1-15

역사를 바라보는 관점에는 두 가지가 있다.

첫째는 역사란 목적도 방향도 없이 그냥 돌고 돌며 흘러간다고 믿는 것이다. 순환론적 역사관 또는 윤회론적 역사관이다. 역사란 끝없이 순환하므로 과거에 발생한 사건이 현재에 다시 발생하며 미래에도 또다시 발생할 뿐이라는 관점이다. 따라서 역사에 대한 심판은 존재하지 않으며 있을 필요도 없다.

둘째는 역사란 목적과 방향이 있으며 모든 것을 주관하시는 하나님이 그 목적을 향해 역사의 진로를 통제하셔서 영광스러운 절정에 이르게 하신다는 관점이다. 직선적인 역사관이다. 성경이 우리에게 가르쳐 주는 역사관은 역사에는 시작이 있고 끝이 있으며 그 끝에는 심판이 있다는 것이다.

어느 시대건 사람들을 두 종류로 나눈다면 역사의 심판이 있음을 믿고 의식하며 살아가는 사람과 심판은 없다고 믿고 살아가는 사람으로 나눌 수 있다. 어느 쪽이 더 많을까? 없다고 생각하는 사람들이 훨씬 더 많다.

성경에는 수많은 역사의 심판이 등장한다. 그 심판이 있을 때마다 심판을 믿지 않고 비웃고 업신여긴 사람들이 있다.

노아 홍수 때 사람들은 노아가 방주에 들어가던 날까지도 깨닫지 못했다.

> 마태복음 24:38-39 홍수 전에 노아가 방주에 들어가던 날까지 사람들이 먹고 마시고 장가 들고 시집 가고 있으면서 홍수가 나서 그들을 다 멸하기까지 깨닫지 못하였으니 인자의 임함도 이와 같으리라

시집 장가가는 것이 잘못되었다는 게 아니다. 당시 사람들이 심판을 의식하지 못하고 이 세상에서의 기쁨과 즐거움만 바라보며 살았음을 지적하는 것이다.

소돔과 고모라가 멸망할 때 아브라함의 조카 롯이 천사의 지시를 받고 가족에게 심판에 대한 소식을 전했을 때 롯의 사위들은 장인의 말을 비웃고 농담으로 여겼다. 심판에 대한 계시를 농담으로 여기는 자는 인생을 농담처럼 살게 된다.

역사에 대한 심판이 있는 것은 완전하시고 절대자이신 하나

님께서 역사를 주관하시기 때문이다. 그분이 세상의 역사를 시작하셨고, 이 세상의 역사를 주관하시며, 그분이 역사를 심판하실 것이다.

로마서 11:36 이는 만물이 주에게서 나오고 주로 말미암고 주에게로 돌아감이라 그에게 영광이 세세에 있을지어다 아멘

만물을 창조하신 하나님께서 만물을 다스리시고 만물을 심판하신다. History는 하나님의 이야기, 즉 His Story다.

절대 권력은 절대 부패한다는 말이 있다. 의미는 이해하지만 정확한 말은 아니다. 인간은 누구도 절대 권력자가 될 수 없다. 절대 권력자는 오직 하나님 한 분뿐이시다. 따라서 절대 권력은 절대 부패하지 않는다.

하나님은 완전히 공의로우시며 완전한 사랑이신 분이기에 결코 부패하지 않는 분이다. 사람들이 쥔 권력이 부패하는 까닭은 절대 권력을 가지고 있어서가 아니라 그렇게 착각하기 때문이다. 하나님은 역사를 통해 자신을 절대 권력화하는 사람들을 반드시 무너뜨리셨다.

스가랴가 마지막으로 본 여덟 번째 환상에서는 온 세상을 다스리시는 하나님께서 대적하는 세력들을 심판하시는 장면이 등장한다.

스가랴가 눈을 들어 보니 구리로 된 두 산 사이에서 병거 네 대가 나왔다. 첫째 병거는 붉은 말들이 끌고, 둘째 병거는 검은 말들이 끌고, 셋째 병거는 흰 말들이 끌고, 넷째 병거는 얼룩진 말들이 끌었다. 이들은 온 세상을 다스리시는 주님을 섬기는 하늘의 네 영이다.

병거는 전쟁용 무기로 하나님의 심판을 실행하는 도구다. 오늘날이라면 아마 환상 중에 탱크나 전투용 헬기 같은 무기들이 등장했을 것이다.

이 병거를 여러 색깔의 말들이 끌고 있다. 이 여러 가지 색깔이 갖는 의미는 다양한 해석이 가능하겠지만, 하나님께서 죄악으로 가득한 역사를 심판하실 때 그 심판의 방법이 다양하다는 것을 보여 준다 할 수 있다. 때로는 전쟁으로, 때로는 병과 기근으로, 때로는 자신이 파 놓은 함정에 스스로 빠짐으로 심판하신다.

그런데 이 병거들은 두 개의 구리산 사이에서 나왔다.

성경에서 주석(구리)은 강한 능력과 승리를 상징한다. 요한계시록 1장 15절에서 예수님을 이렇게 표현했다.

요한계시록 1:15 그의 발은 풀무불에 단련한 빛난 주석 같고 그의 음성은 많은 물 소리와 같으며

예수님의 발이 용광로에서 제련된 주석(구리)이기에 모든 사탄의 세력을 그 발로 밟아 승리하셨다. 하나님께서 구리산 사이에서 보내신 병거들은 사방으로 보내져서 하나님의 뜻대로 심판을 실행하고 반드시 승리를 거둔다.

역사에 흥망성쇠가 있는 것은 하나님께서 역사 속에서 계속 전쟁하고 계시기 때문이다. 사람들의 전쟁은 악한 마음에서 비롯되지만 하나님의 전쟁은 그 악과 싸우고 그 악을 심판하시는 전쟁이다. 하나님은 죄악의 세력과 싸우시는 거룩한 용사다.

사람들은 역사가 흘러가다 보니 망하는 사람도 있고 흥하는 사람도 있다고 생각하지만 역사의 흥망성쇠는 반드시 인간의 죄와 관계가 있다. 죄악에 대한 하나님의 전쟁과 심판으로 역사가 움직이고 있다. 악을 버리고 선을 택하지 않으면 하나님을 대적하는 자가 되는 것이다. 하나님의 대적자가 되면 이 환상 속에 나타나는 하나님의 병거들에 의해 심판을 받게 된다.

스가랴가 본 마지막 환상은 분위기가 첫 번째 환상과 비슷하다. 말이 나오고 이 말들이 하나님의 명령을 따라 세상을 두루 돌아다니는 것이 그렇다. 그런데 중요한 차이가 있다. 첫 번째 환상에서는 하나님의 백성이 곤고하고 대적들이 평안했지만, 마지막 환상에서는 하나님의 백성이 승리하고 대적들이 심판

을 받는 것이다.

스가랴가 첫 번째 본 환상에서는 하나님의 보내심을 받아 세상을 두루 돌아본 말들이 세상이 조용하고 평안했다고 보고했다. 그런데 마지막 환상에서는 그 세상에 하나님의 심판이 다 이루어졌다.

첫 번째 환상에서는 성자 예수님이 대적들의 평안을 보고 하나님께 호소하였다. "만군의 여호와여 주께서는 언제까지 예루살렘과 유다 성읍들을 불쌍히 여기지 아니하시려 하나이까?"

그런데 이 마지막 환상에서 반전이 일어났다. 그들에 대한 하나님의 심판이 이루어지자 하나님의 영이 쉬게 되었다고 하신 것이다.

스가랴 6:8 그가 내게 외쳐 말하여 이르되 북쪽으로 나간 자들이 북쪽에서 내 영을 쉬게 하였느니라 하더라

천사가 큰 소리로 외친 것은 심판이 성공적으로 수행되었다는 신호다. 우리말성경은 "하나님의 영이 쉬게 되었다"를 "내 마음을 시원하게 해주었다"고 번역하고 있다. 하나님의 마음이 시원하게 되었다는 것은 하나님께서 심판을 즐기신다는 뜻이 아니라 하나님의 공의가 만족되는 심판이 이루어졌다는 뜻이다.

죄악이 있는 삶을 볼 때 하나님의 마음은 들끓는다. 악한 대적들에 대한 심판이 이루어지지 않는 한 하나님의 마음은 불편

하다.

우리는 악이 횡행하고 불법이 난무할 때 하나님께서 왜 심판하시지 않고 침묵하시는가라고 묻곤 한다.

스가랴서는 우리에게 이 질문에 대한 답을 준다. 악인들이 평안하고 안일을 즐길 때 하나님은 결코 평안히 계신 것이 아니라 마음을 들끓이시며 구리로 된 두 산에 병거들을 준비시킨다. 그리고 하나님께서 심판을 실행하실 때는 그 마음이 시원하게 되기까지 철저하게 심판하신다.

왕 같은 제사장에게 영원히 씌워질 왕관

우리가 그 하나님의 마음을 시원하게 해드릴 수 있는 방법은 무엇인가? 우리가 그 심판의 대상이 되는 것인가? 아니다. 하나님의 공의를 만족시키기 위해 십자가에 달린 예수님의 죽으심을 나를 대신한 죽으심으로 믿고 받아들여 구원받을 때 하나님의 마음이 시원해진다. 십자가에서 자기를 부인하고 죄악을 떠나 하나님의 공의로운 심판이 필요 없는 인생을 살 때 하나님의 마음이 시원해진다.

그런데 하나님의 마음이 시원해지면 우리 마음도 시원해진다. 하나님의 마음이 기쁠 때 우리의 마음도 기뻐야 한다. 하나님의 마음이 슬플 때 우리의 마음도 슬퍼야 한다. 우리는 하나님 편에 서 있어야 하고 하나님의 마음에 합한 마음이 되어야 한다.

스가랴서 6장 9-15절에는 지금까지의 여덟 가지 환상을 마무리 짓는 사건이 등장한다. 그것은 스가랴가 대제사장 여호수아에게 왕관을 씌워 주는 상징적인 행동이다. 이것은 환상이 아니라 상징적이고 예언적인 행동으로 이전의 모든 환상의 결론이 된다.

> 스가랴 6:9-11 여호와의 말씀이 내게 임하여 이르시되 사로잡힌 자 가운데 바벨론에서부터 돌아온 헬대와 도비야와 여다야가 스바냐의 아들 요시아의 집에 들어갔나니 너는 이 날에 그 집에 들어가서 그들에게서 받되 은과 금을 받아 면류관을 만들어 여호사닥의 아들 대제사장 여호수아의 머리에 씌우고

하나님은 스가랴에게 매우 이상해 보이는 일을 하라고 명령하신다. 포로에서 돌아온 사람들에게서 은금을 얻어다가 왕관을 만들어 대제사장 여호수아에게 씌우라는 것이다. 여호수아는 왕이 아니라 대제사장이고, 대제사장은 왕관을 쓸 필요가 없으며 써서도 안 되었다. 이는 당시 페르시아 왕이 알면 반역을 꾀한 것으로 오해할 수도 있는 행동이었다. 그런데 하나님께서 스가랴에게 이 일을 하라고 명하신다.

대제사장 여호수아가 왕관을 쓰면 어떻게 되는가? 여호수

아는 대제사장이면서 동시에 왕인 존재가 되는 것이다. 그러면 스룹바벨이라는 정치 지도자는 이제 사표를 내고 여호수아 혼자서 정치, 경제, 종교 모든 영역을 통치하게 된다는 것인가? 아니다.

대제사장 여호수아에게 왕관을 씌우신 것은 매우 예언적이고 상징적인 행동이다. 하나님께서는 가끔 선지자들에게 이런 상징적인 행동을 시키실 때가 있다. 이러한 행위 설교는 에스겔이 가장 많이 했는데 그는 아내가 갑자기 죽었어도 슬퍼해선 안 되었다. 에스겔이 아내의 죽음에도 슬퍼하지 않는 것을 보고 궁금해하는 사람들에게 "하나님께서 이스라엘이 멸망해도 슬퍼하지 않을 것이다"라는 메시지를 전하기 위해서였다. 호세아는 음란한 아내 고멜을 거듭 용서하며 데리고 살아야 했다. 이는 하나님께서 고멜과 같은 우리를 포기하지 않고 함께 데리고 사신다는 것을 전하기 위해서였다.

대제사장 여호수아에게 왕관을 씌우신 것은, 그가 실제로 왕이어서가 아니라 어떤 사건에 대한 예언적 행동이었다. 그 이유는 이렇다.

첫째는 왕관이라는 단어가 복수형으로 사용되었다는 것이다. 이는 왕관이 여러 개 있었다는 뜻이 아니다. 히브리어로 복수형은 신적인 영광을 포함할 때 사용된다. 하늘을 그냥 하늘이라고 하지 않고 하늘들이라고 한다. 엘로힘도 복수형이다. 이를 장엄복수형이라고 한다. 이는 여호수아 개인의 영광이 아니라 그가 미래에 오실 메시아를 상징하고 예표하는 것임을 알려준다.

둘째는 그 왕관을 여호수아가 쓰고 집으로 가는 것이 아니라 성전에 보관하도록 하신 것이다.

> 스가랴 6:14 그 면류관은 헬렘과 도비야와 여다야와 스바냐의 아들 헨을 기념하기 위하여 여호와의 전 안에 두라 하시니라

여호수아의 머리에 잠시 씌웠던 왕관은 벗겨져서 성전 안에 보관되었다. 이는 은금을 헌신한 이들을 기념하기 위해서라고 성경은 말하고 있다. 하지만 사람들은 성전에 보관된 왕관을 볼 때마다 이제 누가 저 왕관을 쓸 것인가라고 생각하게 된다. 야심을 품고 그 왕관을 노리는 자들도 있겠지만 어느 누구도 내가 그 왕관을 써야 한다고 주장할 수 없다.

이스라엘은 참된 이스라엘의 왕이 그 왕관을 쓰기까지 기다리고 또 기다렸다. 오직 하나님께서 선지자들에게 하신 약속이 이루어질 때까지 그 왕관은 성전에서 기다렸다. 그런데 그 왕관을 쓰실 분을 스가랴를 통해 말씀하신다. 바로 싹이라 불리는 예수 그리스도다.

스가랴 6:12-13 말하여 이르기를 만군의 여호와께서 이같이 말씀하시되 보라 싹이라 이름하는 사람이 자기 곳에서 돋아나서 여호와의 전을 건축하리라 그가 여호와의 전을 건축하고 영광도 얻고 그 자리에 앉아서 다스릴 것이요 또 제사장이 자기 자리에 있으리니 이 둘 사이에 평화의 의논이 있으리라 하셨다 하고

'싹'(순)이라고 불리는 사람이 자기 있는 곳에서 돋아나 왕의 자리에 앉아서 다스리시는 동시에 제사장이 될 것이라는 것이다. 그는 왕의 직분과 제사장의 직분을 통합하여 감당하시는 분이다. 바로 예수 그리스도다. 예수님은 대제사장으로서 하나님과 인간 사이에서 중보자가 되셨다. 동시에 예수님은 만왕의 왕으로서 만물을 통치하고 심판하시는 통치자가 되셨다.

역사상 어느 누구도 이 두 직분을 하나로 통합할 수 없었다. 중보자가 되는 동시에 통치자가 될 수 있는 사람은 아무도 없다. 예수님은 십자가에서 자신을 대속제물로 드림으로써 대제사장의 사역을 이루셨다. 동시에 죽기까지 낮아지신 예수님을 하나님께서 지극히 높여 하늘과 땅의 모든 권세를 맡기셨다.

그분은 "왕 같은 제사장"이시다. 그리고 그리스도 안에 있는 성도들도 왕 같은 제사장이 된다.

베드로전서 2:9 그러나 너희는 택하신 족속이요 왕 같은 제사장들이요 거룩한 나라요 그의 소유가 된 백성이니 이는 너희를 어두

운 데서 불러내어 그의 기이한 빛에 들어가게 하신 이의 아름다 운 덕을 선포하게 하려 하심이라

내가 곧 성전이다

싹(순)이라 불리며 왕 같은 제사장으로 오신 예수님께서 어떤 일을 하시는가? 여호와의 성전을 지을 것이라고 말씀하신다.

스가랴 6:12-13 말하여 이르기를 만군의 여호와께서 이같이 말씀하시되 보라 싹이라 이름하는 사람이 자기 곳에서 돋아나서 여호와의 전을 건축하리라 그가 여호와의 전을 건축하고 영광도 얻고 그 자리에 앉아서 다스릴 것이요 또 제사장이 자기 자리에 있으리니 이 둘 사이에 평화의 의논이 있으리라 하셨다 하고

이 말씀이 왜 여덟 가지 환상의 결론이 되는가가 본문에 담겨 있다. 지금까지 여덟 가지 환상에서는 성전이 재건되고 예루살렘이 회복될 것이 강조되었다. 여덟 개의 환상이 주어질 무렵은 성전 재건이 한창 진행되고 있을 때였다.

하나님께서는 학개와 스가랴 선지자를 통해 총독 스룹바벨과 대제사장 여호수아를 격려하여 이 일을 하도록 하셨는데 결론적으로 주신 말씀은 "너희들이 지금 짓고 있는 성전은 내가

의도하는 진짜 성전이 아니다"라는 것이다.

지금 열심히 성전을 재건하고 있는 백성에게는 납득이 되지 않는 말씀이다. 지금 힘들여 성전을 짓고 있는 백성으로서는 허무한 말씀이 아니겠는가? 그러나 하나님은 그들을 허무하게 하려고 이런 말씀을 하신 것이 아니다. 또 지금 짓고 있는 성전 재건을 포기하라는 것도 아니다. 지금 짓는 성전은 장차 세워질 진정한 성전의 예표일 뿐임을 가르치고 있는 것이다.

스가랴서에서 예표된 진정한 성전은 어떻게 지어지는가?

첫째, '싹'이라 불리는 사람 곧 예수님께서 지으신다.

예수님께서 예루살렘 성전을 정결케 하시고 이렇게 말씀하셨다. "이 성전을 허물라. 그러면 내가 3일 만에 다시 세우겠다."

> 요한복음 2:19-21 예수께서 대답하여 이르시되 너희가 이 성전을 헐라 내가 사흘 동안에 일으키리라 유대인들이 이르되 이 성전은 사십육 년 동안에 지었거늘 네가 삼 일 동안에 일으키겠느냐 하더라 그러나 예수는 성전된 자기 육체를 가리켜 말씀하신 것이라

십자가에서 죽으셨다가 3일 만에 다시 사신 예수님의 몸이 곧 성전이다.

예수님께서 자신의 몸을 성전이라고 말씀하신 것은 당시 사

람들로서는 도저히 이해하기 힘든 패러다임이었다. 사람들은 이해하기 힘들었지만 이는 구약성경을 관통하는 하나님의 계획을 가장 정확하게 정리한 말씀이었다.

하나님께서 이스라엘 백성을 택하여 성막을 치으신 이유가 무엇인가? 하나님께서 임재하시기 위해서다. 예수님은 말씀이 육신이 되어 우리 가운데 거하신 분이다. 살아 있는 성막이신 것이다. 살아 있는 성전인 것이다.

둘째, 멀리서 온 이방 사람들에 의해 지어진다.

스가랴 6:15 먼 데 사람들이 와서 여호와의 전을 건축하리니 만군의 여호와께서 나를 너희에게 보내신 줄을 너희가 알리라 너희가 만일 너희의 하나님 여호와의 말씀을 들을진대 이같이 되리라

멀리서 온 사람들이란 이방인들을 의미한다. 유대인들을 배제하고 이방인들만 짓는다는 것이 아니라 이방인들을 포함한다는 것이다. 이들은 성령님께서 임재하셔서 그리스도 안에 거하는 사람들이다.

에베소서 2:20-21 너희는 사도들과 선지자들의 터 위에 세우심을 입은 자라 그리스도 예수께서 친히 모퉁잇돌이 되셨느니라 그

의 안에서 건물마다 서로 연결하여 주 안에서 성전이 되어 가고

예수님께서 모퉁이돌이 되시고, 유대인들이던 사도들과 예언자들이 성전의 기초가 되었다. 그리고 이방인들은 유대인들과 서로 연결돼 함께 자라 거룩한 성전이 된다.

고린도전서 3:16-17 너희는 너희가 하나님의 성전인 것과 하나님의 성령이 너희 안에 계시는 것을 알지 못하느냐 누구든지 하나님의 성전을 더럽히면 하나님이 그 사람을 멸하시리라 하나님의 성전은 거룩하니 너희도 그러하니라

하나님은 인간의 손으로 만들어진 것에 거하시지 않는다. 하나님은 하나님의 손에 의해 만들어진 것에 거하신다. 하나님은 하나님의 형상대로 지음 받은 인간 속에 거하셔서 그들의 하나님이 되기를 원하신다.

따라서 우리는 더 이상 예배당 건물을 성전이라고 불러서는 안 된다. 예배당을 성전이라고 계속 부르는 것은 신앙생활에 큰 혼동을 가져온다. 우리가 곧 성전이다.

학개와 스가랴를 통해 재건하라 명하신 성전은 건물이었으나, 하나님은 동시에 진정한 성전은 '싹'이라고 불리는 예수 그리스도로 지어지는 모든 사람임을 가르치셨다.

 우리 자신이 하나님의 성전이므로 성전을 잘 관리해야 한다.

이는 단지 건강 관리를 잘하라는 의미가 아니다. 동시에 하나님의 임재하심이 있는 삶을 살라는 의미다.

15절 후반에서 "너희가 만일 너희의 하나님 여호와의 말씀을 들을진대 이같이 되리라"고 했다. 하나님의 말씀에 귀 기울이고 순종하면 하나님의 성전으로 지어져 간다는 것이다.

> 고린도후서 6:16 하나님의 성전과 우상이 어찌 일치가 되리요 우리는 살아 계신 하나님의 성전이라 이와 같이 하나님께서 이르시되 내가 그들 가운데 거하며 두루 행하여 나는 그들의 하나님이 되고 그들은 나의 백성이 되리라

우리 안에 우상이 조금도 발붙이지 못하게 하는 것이 성전을 잘 관리하는 것이다. 하나님께서 나의 하나님이 되시고, 나는 하나님의 백성이 온전히 될 때 우상이 발붙이지 못하게 된다.

나를 진심으로 가까이하라

스가랴 7:1-14

교회 역사를 보면 역사가 깊어질수록 세 가지 공통적인 문제가 발생하였다.

첫째, 하나님의 비전을 향해 도전하고 헌신하는 신앙이 아니라 안일한 종교생활에 머무르는 것이다. 사도행전에 나타난 교회는 복음 전파의 비전과 더불어 끊임없이 새로운 도전을 감당했다. 교회는 익숙한 곳에 머무는 안일한 종교 공동체가 아니라 복음 전파를 위해 그리스도의 남은 고난을 채우는 교회가 되어야 한다.

둘째, 하나님 나라에 대한 관심보다 교회 공동체 안에 더 많은 관심을 가진다. 하나님의 관심은 세상 속에 하나님 나라를 이루시는 것인데 교회 안에만 머무름으로써 세상 속에 뿌려진 소금이 아니라 마치 소금독 안에 든 소금처럼 되는 것이다.

셋째, 성령의 기름 부으심과 인도하심을 따라 일하지 않고 지금까지의 경험으로 일하게 된다. 한때 성령님의 기름 부으심으로 시작된 방법이라 할지라도 계속적인 성령님의 인도하심을 의지하지 않으면 기계적으로 반복하는 형식적인 종교의식이 되고 만다.

누구를 위해 금식하는가?

스가랴 7장은 교회의 역사가 흘러감으로써 생겨나는 문제에 대하여 하나님께서 어떻게 말씀하시는가를 보여 주고 있다.

이 일은 다리오 왕이 다스린 지 4년 아홉째 달 기슬래월 4일에 일어난 일이다. 성전 재건 공사가 다리오 왕 2년에 다시 재개되고 6년에 완성되었으니 성전 재건 공사가 시작된 지 약 2년이 지난 때로써 공사가 절반 정도 진척되었을 즈음이다. 벧엘 사람들이 제사장들과 선지자들에게 질문했다.

> 스가랴 7:3 만군의 여호와의 전에 있는 제사장들과 선지자들에게 물어 이르되 내가 여러 해 동안 행한 대로 오월 중에 울며 근신하리이까 하매

“우리가 여러 해 동안 늘 하던 대로 다섯째 달에 울며 금식해야 합니까?” 이 질문은 벧엘에 사는 불특정한 소수의 사람들이 그냥 호기심으로 던진 질문이 아니다. 벧엘 성읍 전체에서 대표단을 보내 질문을 던진 것이다.

이때가 다리오 왕 4년 아홉째 달이라고 했으니, 매년 반복되던 다섯째 달의 금식이 끝난 지 4개월이 지났을 무렵이다. 벧엘 사람들은 그때까지 4개월간이나 이 금식 문제와 관련해 논쟁을 한 것으로 보인다. 마치 초대교회 성도들이 할례 문제로 오랫동안 논쟁하다가 사도행전 15장의 첫 공의회에서 매듭을 지었듯이 제사장들과 선지자들에게 이 논쟁에 매듭을 지어 달라고 질문을 던진 것이다.

이들은 70년 포로 생활 동안 계속해 오던 전 국가적인 금식의 전통을 계속해야 하는지에 대해 질문한 것이다. 그런데 왜 갑자기 스가랴서에 이런 질문이 등장한 것일까? 스가랴서의 중심 주제는 성전 재건인데 이 질문이 성전 재건과 무슨 상관이 있는가?

5월의 금식은 주전 586년 바벨론 왕 느부갓네살 19년 5월 7일, 예루살렘 성전과 왕궁과 예루살렘의 모든 집들이 파괴된 사건(왕하 25:9-10)을 기억하며 슬퍼하며 금식하던 전통이다.

그 후 7월의 금식이 추가되었는데, 바벨론 느부갓네살 왕에 의해 유다 땅에 남아 있던 사람들을 다스리도록 유다의 총독으로 임명된 그달리야가 과격한 국수주의자들에 의해 7월에 비참하게 살해된 것을 슬퍼하며 행한 금식이었다. 이러한 금식은 한 달 내내 아무것도 먹지 않는 금식이 아니라 음식을 부분적으로 절제하는 금식이었다.

그러니까 이들의 질문은, 지난 70년 포로 생활 동안 이 사건을 기억하며 울며 금식했으나 이제 성전이 재건되면 굳이 성전이 파괴된 날을 기억하며 슬퍼할 필요가 있겠는가라고 묻고 있는 것이다. 과거의 비참한 실패를 기념하기 위한 금식은 진보적인 사람들이 보기엔 불필요해 보였던 것이다.

민족의 멸망을 직접 목격하고 체험한 사람들이 금식하며 흘리는 눈물은 진실했고 절실했을 것이다. 그러나 70년 바벨론 포로 생활 동안 태어난 세대들은 그토록 비극적인 사건을 경험한 바 없기에 그동안 의무감에서 금식을 했을 것이고, 따라서 이제 성전을 재건하는 마당에는 필요 없다고 여겼을 것이다. 우리나라도 한국전쟁을 경험한 세대와 경험하지 못한 세대 사이에 한국전쟁을 기념하는 6월 25일을 대하는 온도에 차이가 있음을 본다. 확실히 전쟁을 경험하지 못한 세대에게 6월 25일은 별다른 감흥이 없다.

그런 점에서 이들의 질문은 일리가 있는 것처럼 보인다. 그러나 이 질문에 대한 하나님의 대답은 매우 충격적이다. 하나님은 전통으로 지켜 온 금식을 지켜라, 지키지 말라고 확실한 대답을 하시지는 않는다. 그러나 그들의 질문에 대답하심으로써 당시 이스라엘의 영적 상태를 지적하신다.

사실 율법에 명시된 금식은 대속죄일의 금식밖에 없다. 그 외의 금식은 사람들이 제정한 것이므로 해도 좋고 안 해도 좋다. 문제는 동기와 열매다. 하나님께서는 우리가 금식을 하느냐 마느냐가 아니라 어떤 마음의 동기로 하느냐 그리고 그 열매가 무엇이냐를 더 중요하게 여기신다.

이들의 질문에 대답하심으로써 하나님은 세 가지 문제를 지적하셨다.

첫째, 하나님은 진심이 담겨 있지 않은 형식적인 종교 습관을 지적하셨다.

> 스가랴 7:5 온 땅의 백성과 제사장들에게 이르라 너희가 칠십 년 동안 다섯째 달과 일곱째 달에 금식하고 애통하였거니와 그 금식이 나를 위하여, 나를 위하여 한 것이냐

"너희가 진심으로 나를 위하여 한 것이냐?"라는 하나님의 말씀은 질문에 대한 직접적인 대답은 아니지만 문제의 핵심을 찌르는 말씀이다.

벧엘 사람들은 그들의 입으로 "우리가 여러 해 동안 늘 하던 대로 해야 합니까?"라고 질문함으로써 그동안 금식 행위를 습관대로 했음을 시인하고 있다.

신앙생활에서 습관은 매우 중요하다. 습관이 되지 않으면 삶은 변하지 않는다. 정기적으로 예배드리는 습관, 홀로 말씀을

묵상하고 기도하는 습관, 믿음의 가족들과 삶을 나누는 습관이 없으면 우리의 신앙은 강건해질 수 없다.

그러나 진심이 담겨 있지 않은 습관은 그 또한 형식적인 종교생활이 될 뿐이다. 신앙은 '늘 하던 대로' 해야 하지만 '진심이 담긴 늘 새로운 마음'이 아니면 신앙은 형식이 되고 만다.

이들의 질문에서 놀라운 것은 울며 금식하는 행위도 습관으로 할 수 있었다는 것이다. 눈물이란 슬픔의 감정이 자연스럽게 터져 나오는 것인데 감정이 진실하지 않은 채 습관적으로도 슬퍼했다는 것이다.

늘 반복되는 아침이지만 성도의 삶에서 아침은 아침마다 새롭고 경이로워야 한다. 어떻게 늘 반복되는 일상이 새로워질 수 있는가? 진심을 담으면 된다.

마음을 감찰하시는 하나님께서는 그들이 70년 동안 반복해서 지킨 금식이 과연 '나를 위한 것이었느냐?'고 묻고 계신다. 히브리 성경 원문에는 '나를 위하여'가 강조되어 있다. 그래서 개역개정은 이 부분을 "나를 위하여, 나를 위하여"라고 두 번 반복함으로써 강조를 표현하였고, 우리말성경은 '진심으로'라는 말로 원문의 강조를 표현하였다.

하나님은 그들의 양심에 호소하고 계신다. 그들이 행하여 온 금식이 진심이 담겨 있지 않은 금식이며 하나님을 위한 것이 아니었다는 것이다. 신앙에서 가장 중요한 것은 동기다. 어떤 일이든지 스스로에게 이런 질문을 먼저 던져야 한다.

‘이것이 하나님을 위한 것인가? 아니면 나 자신을 위한 것인가?’

이런 질문이 없으면 처음에는 하나님을 위한 동기로 시작한 많은 일들이 시간이 지나면서 자신을 위한 일로 변질되기가 쉽다. 자신의 만족을 위한 섬김, 자신의 영광을 위한 봉사가 반복될 때 결국에는 자기 정죄에 빠지게 된다.

> 이사야 29:13 주께서 이르시되 이 백성이 입으로는 나를 가까이하며 입술로는 나를 공경하나 그들의 마음은 내게서 멀리 떠났나니 그들이 나를 경외함은 사람의 계명으로 가르침을 받았을 뿐이라

입술로만 드리는 예배가 아니라 진심이 담긴 예배, 말로만 하는 교제가 아니라 진심이 담긴 교제, 돈만 내는 헌금이 아니라 진심과 사랑이 담긴 헌금, 늘 하던 대로 몸만 움직이는 봉사가 아니라 진심이 담긴 봉사, 진심이 담긴 신앙생활이 되어야 한다.

진심이란 솔직과 다른 것이다. 솔직히 생각해 보니 내가 하나님을 위한 마음이 없으므로 솔직하게 그냥 나를 위하여 살자라고 결정하라는 뜻이 아니다. 진심이란 마땅히 그러해야 하는 진실을 품은 마음이다.

둘째 하나님은 신앙과 생활이 서로 다른 이중적인 종교 습관을 지적하신다.

스가랴 7:6 너희가 먹고 마실 때에 그것은 너희를 위하여 먹고 너희를 위하여 마시는 것이 아니냐

하나님은 그들이 금식의 습관을 잘 지키지 않았다고 지적하신 것이 아니다. 오히려 금식하지 않는 나머지 생활에서 먹고 마시는 모든 일이 하나님과 상관없는 삶이었다고 지적하신다.

하나님은 그들이 70년 동안 얼마나 철저하게 금식을 잘 지켰는가를 보시지 않고, 금식하지 않는 나머지 생활에서 얼마나 하나님 중심으로 살았는지를 보신다.

하나님께 드려지는 온전한 금식이 이루어졌다면 열매는 어디에서 나타나야 하는가? 금식이 끝난 이후 먹고 마시는 일상생활에서 나타나야 한다.

6절에서 하나님은 금식에서 먹고 마시는 문제로 화제를 바꾸셨지만 그럼에도 여전히 금식과 관련해 교훈하신다.

그들은 금식과 같은 종교적 습관은 철저하게 지켰지만 세상에 나가 생활할 때는 하나님과 전혀 상관없는 삶을 살았던 것이다. 1년에 몇 차례 금식을 행한 것으로 하나님과의 관계가 다

충족되었다고 여기는 것은 종교적인 기만이다.

진정한 금식은 금식하지 않는 때(먹고 마시는 때에도) 금식하는 때와 마찬가지로 전적으로 하나님 중심의 생활을 하는 것이다.

> 고린도전서 10:31 그런즉 너희가 먹든지 마시든지 무엇을 하든지 다 하나님의 영광을 위하여 하라

이 말씀은 먹고 마시는 것 같은 아주 일상적이고 평범한 생활이 하나님께 영광이 되도록 하라는 것이다. 우리의 신앙생활은 교회 생활로만 머물러서는 안 되고 생활 신앙이 되어야 한다.

십일조도 동일한 원리다. 십의 하나를 정확하게 드리면 십일조가 드려진 것인가? 나머지 십의 아홉이 어떻게 사용되는가가 십의 일조가 정확하게 되었는가를 결정짓는다. 십의 아홉도 하나님께 영광이 되는 삶이 되어야 십일조가 정확하게 드려진 것이다. 주일 성수도 마찬가지다. 일주일에 하루만 예배를 잘 지키면 되는 것이 아니라 나머지 6일도 삶이 예배가 되도록 살아야 하는 것이다.

하나님은 이처럼 교회 생활과 가정이나 직장의 생활이 다른 우리의 이중적인 모습을 지적하신다. 예배에 출석한 것 자체가 결코 하나님과의 관계를 충족시키지 못한다. 예배가 끝나고 다음 예배가 돌아오기까지의 생활이 하나님과의 관계를 보여 주는 것이다. 예배는 철저히 지키는데 그 외의 생활이 하나님과

상관없이 자신을 위해 먹고 마시는 삶이라면 이중적인 종교생활을 하고 있는 것이다.

내 말에 귀 기울인 적 있느냐?

셋째, 하나님은 내면의 귀 기울임과 순종이 없는 외식적인 종교 습관을 책망하신다.

> 스가랴 7:11-13 그들이 듣기를 싫어하여 등을 돌리며 듣지 아니하려고 귀를 막으며 그 마음을 금강석 같게 하여 율법과 만군의 여호와가 그의 영으로 옛 선지자들을 통하여 전한 말을 듣지 아니하므로 큰 진노가 만군의 여호와께로부터 나왔도다 내가 불러도 그들이 듣지 아니한 것처럼 그들이 불러도 내가 듣지 아니하리라 만군의 여호와가 말하였느니라

하나님께서는 금식보다 더 중요한 것이 있다고 말씀하신다. 하나님의 음성을 듣고 순종하는 것이다.

그들이 행하던 금식은 과거의 비극을 기억하며 슬퍼하는 것인데, 비극적인 사건을 기억하는 것보다 더 중요한 것은 그런 비극이 되풀이되지 않도록 하는 것이다.

성전이 파괴된 날을 기억하고 슬퍼하는 종교적 행사보다 더

중요한 것은 성전이 왜 파괴되었는가를 기억하고 그 원인을 제거하는 것이다. 오늘날에도 전쟁이 왜 일어났는가를 돌아보지 않고 전쟁기념관만 만들어 기념하는 것은 아무런 의미가 없다.

이스라엘 백성은 70년간 늘 하던 대로 금식을 하다 보니 금식이 하나의 종교적 공로처럼 되었다. 금식이 하나님의 음성을 듣는 도구가 아니라 목적이 되어 버린 것이다.

성전이 파괴된 이유는 그들이 하나님의 말씀을 듣고 순종하기를 거부하였기 때문이다. 그들은 등을 돌리고 귀를 막았다. 예언자들에게 성령을 부어 주셔서 말씀하게 하셨어도 귀 기울이지 않아 마음이 돌같이 굳어졌다.

"등을 돌리며 듣지 아니하려고 귀를 막았다"는 표현은 그들이 얼마나 듣기를 거부했는지를 생생하게 보여 준다. 등은 등쪽의 양 어깨를 말한다. 누군가 어깨를 잡으려는 것을 강하게 뿌리치고 자신의 고집대로 행하는 거친 태도를 말한다.

등을 돌릴 뿐만 아니라 들으라고 외치는 소리를 듣지 않으려고 귀까지 틀어막았다. 이렇게 듣지 않은 결과 그 마음이 돌같이 단단해졌다. 너무나 오랫동안 하나님의 말씀을 듣지 않았기 때문에 마음이 돌처럼 단단해진 것이다.

금식보다 더 중요한 것은 마음에 말씀하시는 하나님의 음성에 귀 기울이는 것이다. 그리고 순종하는 것이다. 내면의 귀 기울임과 순종이 없으면 신앙생활은 외식이 되고 만다. 하나님께 등 돌리지 않기를 바란다. 귀가 항상 하나님께 활짝 열려 있어서 하나님의 음성에 귀 기울이기를 바란다.

하나님께서 지적하시는 것은 지금까지 습관처럼 해 오던 것을 해야 하느냐 그만 하느냐의 문제가 아니라, 금식은 열심히 해 왔지만 지금까지 하지 않은 가장 중요하고 본질적인 것을 해야 한다는 것이다. 말씀에 귀 기울여 순종하는 것이다. 하나님께 귀 기울였을 때 하나님께서 금식하라고 하시면 하는 것이고 그만해도 된다고 하시면 그만하면 되는 것이다.

신앙생활이 이렇게 형식적이고, 이중적이며, 외식적이 될 때 하나님과의 관계는 참된 신앙에서 벗어나 종교적 미신으로 전락하고 만다. 삶은 신앙과 상관없이 방황하게 된다. 죄를 범하게 된다. 마음이 굳어져 하나님과의 관계는 끊어진 채 살아가게 된다. 이스라엘 백성이 그러했다. 공동체 전체가 생명 있는 신앙에서 떠나 방황하고 있었다.

역사상 많은 교회가 이스라엘 백성처럼 신앙생활에 익숙해져서 늘 하던 대로 예배하고 봉사하면서도 이러한 형식적이고 이중적이며 외식적인 신앙의 함정에 빠져 자유롭지 못했다.

하나님의 징벌

하나님께서는 하나님의 백성이 참된 신앙에서 이탈하여 범죄하였을 때 징벌하신다.

스가랴 7:13-14 내가 불러도 그들이 듣지 아니한 것처럼 그들이 불러도 내가 듣지 아니하리라 만군의 여호와가 말하였느니라 내가 그들을 바람으로 불어 알지 못하던 여러 나라에 흩었느니라 그 후에 이 땅이 황폐하여 오고 가는 사람이 없었나니 이는 그들이 아름다운 땅을 황폐하게 하였음이니라 하시니라

본문에 나타난 하나님의 벌은 세 가지다.

첫째는 하나님께서도 듣지 않으시고 기도를 거절하신다는 것이다.

"내가 불렀을 때 그들이 듣지 않았으므로 나도 그들이 부를 때 듣지 않겠다"는 말씀은 하나님께서 우리 수준처럼 복수하신다는 것이 아니다. 우리의 죄악이 하나님의 응답을 가로막는다는 것이다.

잠언 1:27-30 너희의 두려움이 광풍같이 임하겠고 너희의 재앙이 폭풍같이 이르겠고 너희에게 근심과 슬픔이 임하리니 그때에 너희가 나를 부르리라 그래도 내가 대답하지 아니하겠고 부지런히 나를 찾으리라 그래도 나를 만나지 못하리니 대저 너희가 지식을 미워하며 여호와 경외하기를 즐거워하지 아니하며 나의 교훈을 받지 아니하고 나의 모든 책망을 업신여겼음이니라

 둘째는 하나님께서 회오리바람으로 흩으신다는 것이다.

신명기 28장에서 불순종한 자들에게 주시는 징벌 중 하나가 흩으시는 것이다.

> 신명기 28:64 여호와께서 너를 땅 이 끝에서 저 끝까지 만민 중에 흩으시리니 네가 그곳에서 너와 네 조상들이 알지 못하던 목석 우상을 섬길 것이라

성령의 바람과 함께 움직이지 않으면 하나님의 회오리바람에 의해 원치 않는 곳으로 날아가게 된다. 성령의 바람이 부는 곳으로 함께 움직여야 한다.

사도행전의 예루살렘 교회가 예루살렘과 온 유대와 사마리아와 땅 끝까지 복음을 전하라는 말씀에 순종하지 않고 흩어지기를 원하지 않았을 때 교회에 큰 핍박이 일어나서 모두가 흩어지게 되었다. 바람에 나는 겨가 자신의 의사와 상관없이 바람에 나는 대로 날아가 버리는 것처럼 악인은 자신이 원하지 않는 곳으로 날아가게 된다.

하나님의 뜻에 불순종하고 참된 신앙에서 멀어진 교회는 하나님의 회오리바람에 의해 흩어지게 되어 있다.

셋째는 하나님께서 주신 아름다운 땅이 황폐한 땅이 되는 것이다.

약속의 땅이 저주의 땅이 되어 버렸다. 땅은 언제나 그 땅에

거하는 사람에 따라 그 상태가 달라진다. 저주받은 땅 같아도 축복의 사람들이 거하면 그 땅은 축복의 땅이 되고, 축복의 땅 같아 보여도 저주받을 사람들이 거하면 그 땅은 저주의 땅이 된다.

이러한 징벌도 이미 신명기 28장에서 예언된 것이다.

> 신명기 28:38-39 네가 많은 종자를 들에 뿌릴지라도 메뚜기가 먹으므로 거둘 것이 적을 것이며 네가 포도원을 심고 가꿀지라도 벌레가 먹으므로 포도를 따지 못하고 포도주를 마시지 못할 것이며

참된 교회란?

그러면 이러한 징벌을 받지 않고 하나님의 축복을 누릴 수 있는 참된 신앙의 모습, 참된 교회의 모습은 어떤 모습인가? 9-10절에 나타나 있다.

> 스가랴 7:9-10 만군의 여호와가 이같이 말하여 이르시기를 너희는 진실한 재판을 행하며 서로 인애와 긍휼을 베풀며 과부와 고아와 나그네와 궁핍한 자를 압제하지 말며 서로 해하려고 마음에 도모하지 말라 하였으나

참된 신앙은 "늘 하던 대로" 반복되는 종교행사에 머무는 것이 아니라, 진심이 담긴 마음으로 사랑과 공의를 실천하는 것이다.

이 말씀에 나타난 진실한 재판(공정함), 인애(사랑), 긍휼(자비) 등은 모두 하나님의 성품이다. 참된 신앙은 하나님의 백성의 삶 속에서 하나님의 성품이 나타나는 것이다.

특별히 하나님께서는 당시 누군가의 도움이 없으면 살아가기 어려운 과부와 고아, 나그네와 가난한 사람에 대한 깊은 관심을 가지셨다. 이들에 대한 사랑은 구약에서 하나님께서 어떤 분이신가를 소개할 때 빠지지 않는 요소다. 사회적으로 연약한 사람들, 스스로의 힘으로 도저히 일어설 수 없는 사람들을 위한 관심과 사랑은 참된 신앙, 참된 교회의 특징이다.

은혜에 응답하라

스가랴서 8:1-23

옛말에 "원수는 돌에 새기지만, 은혜는 물에 새긴다"는 말이 있다. 원수는 평생 잊지 않지만, 받은 은혜는 쉽게 잊는다는 말이다. 은혜를 쉽게 잊고 올바로 보답할 줄 모르는 인간의 문제를 통찰한 말이다.

은혜를 구하는 이들은 많지만 받은 은혜를 기억하고 합당하게 응답하는 자는 매우 적다.

예수님께 고침 받은 10명의 문둥병자들 중 9명이 유대인이고 한 명만이 사마리아인이었다. 그런데 모두가 고침 받았지만 사마리아인 한 사람만 돌아와 예수님께 감사했다. 그러자 예수님께서 말씀하셨다. "열 사람이 모두 다 깨끗함을 받지 아니하였느냐? 그 아홉은 어디 있느냐?"

우리는 과연 은혜에 합당하게 응답하는 한 사람인가? 아니면 은혜를 잊은 아홉 사람 중 한 사람인가?

받은 은혜가 많고 클수록 더 쉽게 잊어버린다. 은혜가 클수록 보지 못하고 다 이해하지 못하기 때문이다.

눈은 어두워도 보지 못하지만 너무 밝아도 보지 못한다고 한다. X선이 눈에 보이지 않는 것은 너무 밝기 때문이다. 귀 역시 소리가 너무 작아도 못 듣지만 너무 커도 못 듣는다. 만일 우리 귀가 지구가 돌아가는 소리를 듣는다면 우리는 단 하루도 살지 못할 것이다.

마찬가지로 우리는 크고 놀라운 하나님의 은혜를 잘 보지 못한다. 과연 햇빛과 단비를 주시는 하나님의 은혜에 사무치도록 감사하는 사람이 있을까? 흙과 공기를 주신 하나님의 은혜에 깊이 감사하는가?

은혜를 온전히 깨닫지 못한 사람은 은혜를 헛되이 받거니와 은혜를 이용해 더욱 죄를 범한다. 하나님께서 은혜로 심판을 연기해 주셨건만 아예 심판이 없다고 여기고 더욱 범죄한다. 하나님께서 은혜로 죄를 용서하시건만 죄를 고백하면 용서받는다 생각해서 죄를 멈추지 않는다. 고린도후서는 그런 우리에게 이렇게 권면한다.

고린도후서 6:1 하나님의 은혜를 헛되이 받지 말라

은혜를 깨닫고 발견한 사람은 결코 은혜를 잊지 않으려 한다. 그리고 어떻게 하면 이 은혜에 보답할까, 늘 생각한다.

> 시편 103:2 내 영혼아 여호와를 송축하며 그의 모든 은택을 잊지 말지어다

> 시편 116:12 내게 주신 모든 은혜를 내가 여호와께 무엇으로 보답할까

그러면 어떻게 하는 것이 은혜를 기억하고 은혜에 합당하게 응답하는 것인가? 죄를 떠나 진실하게 사는 것이다. 거짓 없이 정직하게 사는 것이다.

예수님은 현장에서 간음하다가 붙잡힌 여인을 용서하시면서 이렇게 말씀하셨다. "나도 너를 정죄하지 아니하노니 가서 다시는 죄를 범하지 말라"(요 8:11).

간음한 여인을 정죄하지 않는 은혜를 베푸시는 동시에 다시는 죄를 짓지 말라고 하셨다. 은혜에 합당한 진실한 삶을 요구하신 것이다. 진실한 삶은 하나님께서 베푸신 은혜에 합당하게 응답하는 것이다.

스가랴서 8장에서 하나님은 하나님의 백성에게 놀랍고 큰 은혜를 베푸셨다. 그리고 동시에 그 은혜에 합당한 진실함을 요구하셨다.

스가랴 8:15-17 이제 내가 다시 예루살렘과 유다 족속에게 은혜를 베풀기로 뜻하였나니 너희는 두려워하지 말지니라 너희가 행할 일은 이러하니라 너희는 이웃과 더불어 진리를 말하며 너희 성문에서 진실하고 화평한 재판을 베풀고 마음에 서로 해하기를 도모하지 말며 거짓 맹세를 좋아하지 말라 이 모든 일은 내가 미워하는 것이니라 여호와의 말이니라

'이제'라는 단어가 원문에는 한 번만 나오지만 한글번역에서는 여러 번 반복되어 번역되었다.

스가랴 8:11 만군의 여호와의 말씀이니라 이제는 내가 이 남은 백성을 대하기를 옛날과 같이 아니할 것인즉

스가랴 8:13 …이제는 내가 너희를 구원하여 너희가 복이 되게 하리니 두려워하지 말지니라 손을 견고히 할지니라

본문은 '이제'와 '옛날'의 변화를 대조함으로써 하나님께서 베푸신 은혜가 얼마나 큰 것인지를 드러내고 있다. 이제 하나님께서 마음을 돌려 은혜 베풀기로 뜻을 정하셨다는 것이다.

이것은 하나님의 의지적 결정이다.

이 하나님의 결정은 상대방의 변화와 상관없이 스스로 마음을 돌이켜서 작정하시는 의지의 결과다. 하나님의 은혜는 하나님의 자발적인 의지의 선택이다. 이러한 하나님의 작정은 어디에서 나오는 것인가? 하나님의 사랑에서 나오는 것이다.

스가랴 8:2 만군의 여호와가 이같이 말하노라 내가 시온을 위하여 크게 질투하며 그를 위하여 크게 분노함으로 질투하노라

하나님의 강렬한 사랑과 하나님의 작정이 하나가 되어 하나님의 은혜로 표현된다. 이스라엘의 변화가 먼저가 아니다. 하나님의 사랑과 작정이 먼저다. 은혜란 아직 변화되지 않은 사람일지라도 그가 변화되었을 때 주시는 축복을 마치 변화된 것처럼 약속하시는 것이다. 하나님께서 포로에서 귀환하여 성전을 재건하는 백성에게 베풀겠다고 하신 은혜는 무엇인가? 스가랴 8장 3-12절에 그 은혜의 구체적인 내용들이 나와 있다.

첫째, 예루살렘이 진리의 성읍이 되는 것이다.

스가랴 8:3 여호와가 이같이 말하노라 내가 시온에 돌아와 예루살렘 가운데에 거하리니 예루살렘은 진리의 성읍이라 일컫겠고 만군의 여호와의 산은 성산이라 일컫게 되리라

과거 예루살렘이 멸망한 이유는 그곳에 '진리'가 사라졌기 때문이다. 백성이 하나님의 진리가 아닌 거짓과 헛된 말을 따랐고 서로에 대하여 거짓을 일삼았다. 심지어 진실의 최후의 보루라고 할 수 있는 법정에서조차 진실을 외면하여 거짓된 재판을 일삼았다.

하나님께서 예루살렘에 은혜를 베풀어 회복시키고자 하는 비전은 단지 성전을 멋지게 재건하는 것이 아니다. 성전 재건은 예루살렘의 회복에 있어서 하나님의 임재하심의 상징일 뿐이다. 하나님의 궁극적인 비전은 예루살렘이 '진리의 성읍'이 되는 것이다.

은혜에 합당한 반응은 진리다. 하나님의 은혜를 입은 자는 진리를 따라 살아가려 하고, 진실을 말하는 삶을 산다.

둘째, 예루살렘이 평화의 성읍이 되는 것이다.

> 스가랴 8:4-5 만군의 여호와가 이같이 말하노라 예루살렘 길거리에 늙은 남자들과 늙은 여자들이 다시 앉을 것이라 다 나이가 많으므로 저마다 손에 지팡이를 잡을 것이요 그 성읍 거리에 소년과 소녀들이 가득하여 거기에서 뛰놀리라

어르신들이 지팡이를 짚고 거리를 다니고, 어린 아이들이 길거리에 가득히 뛰어노는 모습은 평화로운 성읍의 모습이다. 어

르신들이 지팡이를 의지하여 천천히 걸으셔도 아무런 장애를 겪지 않는 성읍, 어린아이들이 마음껏 뛰어놀기에 안전한 성읍이다.

이 말씀에서 노인과 어린아이들을 등장시킨 것은, 이들이 전쟁이나 기근으로 사회가 어려워졌을 때 가장 먼저 희생되는 사람들이기 때문이다. 예루살렘이 황폐해졌을 때 어르신들과 어린아이들이 거리에 다닐 수 없었다. 스가랴 시대에도 거리에 아이들이 거의 없었던 듯하다. 어르신들과 어린아이들이 어떤 두려움도 없이 안전하게 거리를 다닐 수 있는 성읍은 하나님의 은혜로 말미암아 회복된 평화의 성읍이다.

> 스가랴 8:10 이날 전에는 사람도 삯을 얻지 못하였고 짐승도 삯을 받지 못하였으며 사람이 원수로 말미암아 평안히 출입하지 못하였으나 내가 모든 사람을 서로 풀어 주게 하였느니라

경제적으로 매우 힘든 상황에서 사람들은 열심히 일해도 정당한 대가를 받지 못했다. 가축들마저 배불리 먹지 못하고 부림 받기만 했다.

적들 때문에 아무도 자유롭게 다니지 못했다는 것은 외교적으로도 불안했다는 것을 말한다. 주변국들의 위협 때문에 일상적인 삶을 제대로 영위할 수 없는 상황이었다는 것이다. 그러나 이제 평화의 성읍, 샬롬의 성읍이 되게 하시겠다는 것이다.

평화의 성읍이 되려면 먼저 진리의 성읍이 되어야 한다. 진리가 없는 평화는 거짓된 평화다. 평화는 반드시 진리 안에서만 누릴 수 있기 때문이다.

셋째, 예루살렘이 번영의 성읍이 되는 것이다.

> 스가랴 8:12 곧 평강의 씨앗을 얻을 것이라 포도나무가 열매를 맺으며 땅이 산물을 내며 하늘은 이슬을 내리리니 내가 이 남은 백성으로 이 모든 것을 누리게 하리라

씨앗이 자라고, 나무가 열매를 맺고, 땅이 곡식을 낸다는 것은 지극히 자연스러운 일인 것처럼 생각하지만 하나님의 은혜 없이는 결코 평안하게 추수하지 못한다. 추수가 평안하게 이뤄지는 것은 결코 자연스러운 일이 아니다. 때로 갑자기 불어닥친 태풍으로 자라나던 나무들이 쓰러지고, 하늘에서 비가 내리지 않아 논밭이 광야처럼 메말라 버리기도 한다.

많은 사람들은 심지 않고도 거두는 것을 기대하지만, 진정한 복은 심은 대로 거두는 복이다. 그러나 세상은 심은 대로 거두지 못하는 세상이다. 내가 수고한 대로 거둘 수 있다면 그것은 하나님의 은혜다.

학개서 1장은 이들이 하나님과 성전에 관심 없이 살아갈 때의 모습을 이렇게 묘사한다.

학개 1:10-11 그러므로 너희로 말미암아 하늘은 이슬을 그쳤고 땅은 산물을 그쳤으며 내가 이 땅과 산과 곡물과 새 포도주와 기름과 땅의 모든 소산과 사람과 가축과 손으로 수고하는 모든 일에 한재를 들게 하였느니라

내가 땅에, 산에, 곡식에, 새 포도주에, 새 기름에, 땅이 생산해 내는 것에, 사람에, 가축에, 너희 손이 만들어 내는 모든 것 위에 가뭄이 들게 했다고 하신다. 그러나 이제 하나님께서 다시 이슬을 내려 주시고, 땅이 열매를 맺도록 은혜를 베풀어 주신다고 한다.

번영의 은혜는 세 번째로 중요한 은혜다. 첫째가 진리요, 둘째가 평화요, 셋째가 번영이다. 요즘은 이 순서가 뒤바뀌어 번영이 첫째고 진리가 마지막이다. 아니 마지막이라도 순위에 들어 있으면 다행인데 아예 순서에도 보이지 않는 시대가 되어 버렸다.

이 나라를 위해 기도할 때 가장 먼저 진리의 나라가 되게 해달라고 기도해야 한다. 그런 다음 평화의 나라가 되게 해달라고, 그리고 번영의 나라가 되게 해달라고 기도해야 한다.

이러한 은혜는 사람들이 보기에 신기할 정도로 놀라운 은혜다. 현재 모습을 보면 상상하기 어려운 모습이기 때문이다. 현재 예루살렘의 모습을 보면 진리와도 거리가 멀고, 안전하지도 평화롭지도 않으며, 더구나 번영과는 한참 거리가 있어 보인다.

사람들의 눈에는 황폐해졌고 불안정한 예루살렘이 진리의 성읍이 되고, 평화의 성읍이 되고, 번영의 성읍이 된다는 것이 신기한 일이고 믿을 수 없는 일이지만 하나님께서 은혜 베풀기로 작정하시면 그것은 결코 신기한 일이 아니다.

만군의 여호와께서 말씀하셨다면 반드시 이루어질 것이기 때문이다.

스가랴 8:6 만군의 여호와가 이같이 말하노라 이 일이 그날에 남은 백성의 눈에는 기이하려니와 내 눈에야 어찌 기이하겠느냐 만군의 여호와의 말이니라

그날에 이 일이 이 백성 가운데 남은 사람의 눈에는 신기할 따름이겠지만, 그렇다고 그것이 하나님 눈에도 신기한 일이겠는가? 그러므로 힘을 내고 두려워하지 말고 성전을 완공하라는 것이다. 앞으로 완성될 성전을 중심으로 예루살렘은 진리의 성읍이 되고 평화의 성읍이 되고 번영의 성읍이 될 것이기 때문이다.

은혜받은 자의 마땅한 삶

하나님의 은혜는 예루살렘에 임한 저주가 복으로 변하게 하

였다. 그리고 이제 그 은혜를 받은 백성에게는 진실한 삶을 요구하신다.

> 스가랴 8:16-17 너희가 행할 일은 이러하니라 너희는 이웃과 더불어 진리를 말하며 너희 성문에서 진실하고 화평한 재판을 베풀고 마음에 서로 해하기를 도모하지 말며 거짓 맹세를 좋아하지 말라 이 모든 일은 내가 미워하는 것이니라 여호와의 말이니라

은혜에 대한 아주 심각한 오해가 있다. 하나님께서 기준을 낮추시는 것을 은혜라고 생각하는 것이다. 하나님의 거룩을 양보하고, 하나님의 진리에 눈감고, 하나님의 공의의 기준을 낮추는 것이 은혜라고 생각하는 것이다. 그러나 아니다.

진정한 은혜는 절대로 진리를 무시하거나 기준을 낮추는 것이 아니다. 오히려 은혜란 진리가 요구하는 기준을 만족시키기 위해 희생하는 것이다. 진리를 벗어난 죄인을 사랑하시며 동시에 진리의 기준을 만족시키기 위해 예수님께서 자신을 십자가에 못 박도록 내어 준 사건이 바로 은혜다. 진리의 수준이 낮아졌다면 예수님께서는 십자가에 못 박혀 죽기까지 하실 필요가 없었을 것이다. 요한복음은 예수님을 이렇게 소개한다.

> 요한복음 1:14 말씀이 육신이 되어 우리 가운데 거하시매 우리가 그의 영광을 보니 아버지의 독생자의 영광이요 은혜와 진리가

예수님은 은혜와 진리가 충만하신 분이었다. 예수님은 은혜로 충만하셨다가 진리로 충만하시기 위해 은혜를 버려야 하는 분이 아니었다. 예수님 안에는 은혜와 진리, 이 두 가지가 완벽하게 조화를 이루며 공존한다. 그래서 십자가를 지셨던 것이다.

새에 두 날개가 달려 있어야 날 수 있는 것처럼 은혜와 진리는 하나님 성품의 두 날개다. 생명체의 근간을 이루는 DNA를 확대해 보면 이중 나선형 대칭 구조로 되어 있다. 두 가닥의 DNA가 서로 반대 방향으로 향하면서 서로를 완벽하게 보완해 주는 구조다. 은혜와 진리는 영적 DNA로서 참된 신앙의 삶을 사는 데 꼭 필요한 요소다. 서로 반대 방향으로 향하는 것 같지만 완벽한 조화를 이루며, 둘 중 어느 한쪽이 없다면 둘 다 올바른 기능을 할 수 없는 것이다.

우리가 만일 하나님의 은혜를 받았다면 은혜에 합당한 진실한 삶의 응답이 있어야 하는 것이다.

죄의 기준을 낮추는 것은 은혜가 아니라 지나친 관용일 뿐이다. 은혜로 충만한 예수님은 거룩함의 기준을 낮추시지 않고 오히려 높이셨다. "형제를 미워하는 자는 이미 살인한 자요, 여자를 보고 음욕을 품는 자마다 마음에 이미 간음하였다"고 하셨다. 세상의 법에서는 생각과 마음만으로는 위법이 되지 않는다. 그러나 하나님께서는 생각과 마음의 단계에서도 죄를 지은 것이라고 수준을 높이셨다.

은혜를 받은 자는 행동만이 아니라 예수님의 기준대로 마음과 생각에서부터 거룩하고 진실함을 추구한다.

은혜는 사람을 덜 진실하게 만드는 것이 아니라 더 진실하게 만든다. 은혜가 온전히 충만할 때 사람들은 진리를 무시하는 것이 아니라 오히려 진리를 사랑하고 따르게 된다. 누군가 이런 말을 했다.

"은혜는 죄를 짓기 위한 무임승차권이 아니라, 죄를 짓지 않게 하는 초자연적인 힘이다."

죄 의식을 느끼지 않도록 하는 은혜는 성경이 말하는 은혜가 아니다. 그것은 디트리히 본회퍼가 말한 '값싼 은혜'다. 진정한 하나님의 은혜는 우리로 하여금 죄 가운데 살도록 절대 내버려 두시지 않는다. 오히려 우리가 그 죄를 거부하고 진실하게 살도록 인도하신다.

은혜로 산다는 것은 내가 자격 없는 자임을 날마다 인정하며 사는 것이다. 마땅히 받을 자격이 있다고 여기는 일에 우리는 감사하지 않는다. 그러나 나에게 과분하다고 여기는 일에는 감사할 수밖에 없다. 만일 우리가 영원한 지옥 불에 떨어질 수밖에 없었던 존재라는 것, 그리고 은혜로 구원받았다는 것을 깨닫는다면 어떤 고난 속에서도 감사하고, 이해할 수 없는 오해 속에서도 우리는 감사할 것이다.

그리고 가장 중요한 것은 어떤 죄의 유혹 속에서도 진실을 선택할 것이다. 은혜에 대한 합당한 반응은 진실을 선택하고 정직하며 거짓을 미워하는 것이다.

우리가 이렇게 하나님의 은혜에 진실함으로 응답할 때 하나님께서 보너스로 주시는 축복이 있다.

첫째, 금식의 날이 축제의 날이 될 것이다.

> 스가랴 8:19 만군의 여호와가 이같이 말하노라 넷째 달의 금식과 다섯째 달의 금식과 일곱째 달의 금식과 열째 달의 금식이 변하여 유다 족속에게 기쁨과 즐거움과 희락의 절기들이 되리니 오직 너희는 진리와 화평을 사랑할지니라

이 부분에 와서야 7장 초반부에서 제기된 금식에 대한 질문에 응답하신다. 벧엘 사람들이 습관에 따라 해 온 금식의 날을 지켜야 하느냐고 물었을 때, 하나님은 이스라엘 백성의 영적 상태를 지적하셨다. 즉 진심을 담지 않은 형식적인 금식은 무의미하며, 먹고 마시는 일상적인 삶의 변화가 없는 이중적인 금식도 무의미하고, 내면의 순종이 없는 외식적인 금식도 무의미하다고 지적하신 것이다. 그리고 이제야 백성의 질문에 대답하신다. 그 금식의 날들이 슬픔과 탄식의 날이 아니라 기쁘고 즐겁고 유쾌한 명절이 될 것이라고 대답하신 것이다.

이것은 금식일을 없애고 대신에 기쁘고 즐겁게 먹고 마시는 날이 될 수도 있겠지만, 한편으론 똑같이 금식을 하지만 슬픔

의 금식이 아니라 기쁨의 금식, 통곡의 금식이 아니라 즐거움의 금식이 될 수도 있다. 결혼식에서 신랑과 신부가 기뻐서 음식을 먹고 싶은 욕구도 잊어버리고 기뻐하고 즐거워하듯이 하나님의 임재 때문에 즐거워서 먹고 마시는 욕구조차 잊어버리는 기쁨의 금식을 할 수 있는 것이다.

둘째, 많은 이방 사람들이 몰려와 하나님의 은혜를 구하며 기도하게 될 것이다.

> 스가랴 8:20-23 만군의 여호와가 이와 같이 말하노라 다시 여러 백성과 많은 성읍의 주민이 올 것이라 이 성읍 주민이 저 성읍에 가서 이르기를 우리가 속히 가서 만군의 여호와를 찾고 여호와께 은혜를 구하자 하면 나도 가겠노라 하겠으며 많은 백성과 강대한 나라들이 예루살렘으로 와서 만군의 여호와를 찾고 여호와께 은혜를 구하리라 만군의 여호와가 이와 같이 말하노라 그날에는 말이 다른 이방 백성 열 명이 유다 사람 하나의 옷자락을 잡을 것이라 곧 잡고 말하기를 하나님이 너희와 함께하심을 들었나니 우리가 너희와 함께 가려 하노라 하리라 하시니라

우리가 하나님의 은혜에 진실한 삶으로 응답할 때 하나님께서 베푸시는 축복은 많은 믿지 않은 사람들이 몰려오는 것이다. 우리가 믿는 하나님께로 나아와 기도하게 되는 것이다. 서로

"속히 가자", "나도 가자" 하면서 기도하러 오는 것이다. 왜 그런가? 만군의 여호와께서 함께하심을 보았고 들었기 때문이다.

> 이사야 2:2-3 말일에 여호와의 전의 산이 모든 산 꼭대기에 굳게 설 것이요 모든 작은 산 위에 뛰어나리니 만방이 그리로 모여들 것이라 많은 백성이 가며 이르기를 오라 우리가 여호와의 산에 오르며 야곱의 하나님의 전에 이르자 그가 그의 길을 우리에게 가르치실 것이라 우리가 그 길로 행하리라 하리니 이는 율법이 시온에서부터 나올 것이요 여호와의 말씀이 예루살렘에서부터 나올 것임이니라

예루살렘을 공격하기 위해 오던 열방들이 이제는 여호와의 말씀을 듣기 위해 나아오게 될 것이다.

하나님의 백성이 열방으로 나아가는 선교도 있지만, 열방이 하나님의 백성에게로 나아오는 선교도 있다. 우리가 찾아가는 전도도 있지만 사람들이 우리에게 나아오는 전도도 있는 것이다.

우리가 하나님의 은혜에 진실한 삶으로 응답하면 우리와 함께하시는 하나님의 은혜를 보고 수많은 사람이 그 하나님의 은혜를 바라며 우리에게 나아온다는 것이다.

스가랴 8장 23절에서는 "다른 이방 백성 열 명이 유다 사람 하나의 옷자락을 잡을 것이라"고 하셨다. 한 명의 유다 사람이란 유대인으로 오신 예수 그리스도이시다. 옷자락을 꽉 붙잡는

다는 것은 간절하게 구원을 요청한다는 것이다.

말씀대로 수많은 이방인들이 은혜와 진리로 충만하신 예수 그리스도의 옷자락을 꽉 붙잡고 하나님의 은혜를 받게 되었다. 은혜와 진리가 충만하신 예수님께서 십자가를 통해 수많은 사람을 구원의 은혜 앞에 나오도록 이끄신 것처럼, 우리가 하나님의 은혜 앞에 진실한 사람, 정직하고 거짓이 없는 삶으로 나아갈 때 하나님께서 우리를 통해 수많은 사람을 구원하실 것이다.

PART 3

보내심

기뻐하라

,

왕이 오신다

11 

기뻐하라, 왕이 오신다

스가랴 9:1-10

예수를 믿지 않는 불신자가 여러분에게 "성경은 어떤 책입니까?"라고 묻는다면 어떻게 대답하겠는가? 다음과 같이 대답할 것을 권한다.

첫째, 성경은 역사책이다.

성경은 격언집처럼 아무 데나 펴서 한두 군데 읽고 적용할 수 있는 책이 아니다. 특정한 시간과 장소에서 일어난 실제 사건과 그 사건에 대한 역사가적인 해설이 포함된 역사책이다.

둘째, 성경은 역사책이며 동시에 계시책이다.

성경은 하나님을 인간에게 계시하신 책이다. 계시라는 단어는 베일을 벗긴다는 뜻이다. 하나님께서 스스로 베일을 벗겨 주시지 않으면 인간은 결코 하나님을 알 수 없다. 성경은 하나님께서 스스로를 역사를 통해 나타내신 책이다.

셋째, 성경은 역사책이며, 계시책이며, 동시에 구원의 역사를 기록한 책이다.

성경은 하나님께서 인간을 구원하시기 위해 어떤 일을 하셨는가를 보여 주는 역사책이다. 그래서 성경은 과학적인 사실을 증명하려는 데 초점을 두지 않고 성경시대의 문화와 세계관 속에서 인간을 구원하신 하나님의 크고 놀라운 일에 초점을 둔다.

넷째, 성경은 역사책이며, 계시책이며, 구원의 역사를 기록한 책이며, 동시에 예언과 성취가 기록된 책이다.

예언과 성취는 성경 전체를 관통하고 있다. 하나님의 계시를 받은 예언자들은 마치 역사가가 과거의 일을 정확하게 기록하듯이 미래의 일을 정확하게 예언하였고 그 예언대로 성취되었다.

부처, 공자, 마호메트 등의 행적과 말을 기록해서 신성한 경전으로 인정받는 어떤 책에도 예언은 나타나지 않는다. 마호메트가 《코란》에서 메카로 돌아올 것을 예언했지만, 그것은 그가 살아 있을 때 실행 가능한 것이므로 예언이라고 할 수 없다. 그러나 성경에는 구약성경에만 2000가지 이상의 예언들이 나오고 있고 그대로 성취되었다. 어떤 사람은 성경의 예언이 성취된 것은 운이 좋았을 뿐이라고 하는데, 과연 운이 좋아서 2000가지나 되는 예언이 성취되었을까?

이사야 46:10 내가 시초부터 종말을 알리며 아직 이루지 아니한 일을 옛적부터 보이고 이르기를 나의 뜻이 설 것이니 내가 나의 모든 기뻐하는 것을 이루리라 하였노라

예언이란 미래를 알아야 할 수 있고, 정확하게 말하면 자신의 뜻대로 미래를 다스릴 수 있어야 할 수 있는 것이다. 하나님께서는 그 뜻대로 역사를 다스리시기에 미래를 알고 계시며, 미래를 우리에게 알려 주심으로 현재를 하나님의 뜻대로 살 수 있도록 도와준다.

성경의 모든 예언은 예수 그리스도에게 초점이 맞추어져 있다.

누가복음 24:44 또 이르시되 내가 너희와 함께 있을 때에 너희에게 말한 바 곧 모세의 율법과 선지자의 글과 시편에 나를 가리켜 기록된 모든 것이 이루어져야 하리라 한 말이 이것이라 하시고

구약 전체가 예수님에 대하여 예언된 기록이라는 말씀이다. 전체 역사가 예수님에게 초점을 맞추고 있지만 구체적인 예언은 200여 개가 넘는다. 이 모든 예언이 단 한 가지만 빼고 모두 그대로 성취되었다. 그 한 가지는 무엇인가? 바로 예수님의 재림이다.

숀 필드라는 신약학자는 《*The Passover Plot*》(유월절 음모)라는 책에서 예수님께서 고의적으로 음모를 꾸며서 그 예언들을 이룬

것처럼 보이게 했다고 주장했다. 그런데 학자라는 사람이 도대체 그런 일이 가능하다고 주장하는 것이 믿기 어렵다. 어떻게 한 사람이 모든 예언을 통제하여 모든 기적과 십자가의 죽음과 부활까지도 조작하고 그것을 사람들에게 믿게 한단 말인가?

그의 말인즉슨, 자신의 출생이 베들레헴이라는 우연의 일치를 이용하여, 군중들에게 자신이 여러 가지 기적을 일으킨 것으로 소문 내 달라고 매수하고, 가룟 유다에게는 자신을 배신하고 자살해 달라고 부탁하고, 유대 지도자들에게는 빌라도를 압박하여 십자가형을 받게 해 달라고 부탁하고, 로마 군병들에게는 자신을 고문하되 살살하지 말고 도살장에서 도살당하는 양처럼 참혹하게 해 달라고 부탁하고, 빌라도에게는 죄가 발견되지 않더라도 사형을 언도해 달라고 부탁하고, 아리마대 요셉에게는 돌무덤을 빌리고, 제자들에게는 내가 죽더라도 시체를 훔쳐서 부활했다고 거짓말해 달라 하고, 또 그 거짓말을 끝까지 지키기 위해 모두가 죽어 달라고 부탁했다는 것이다. 과연 가능한 얘기인가?

예수님 안에서 이루어진 구약 예언의 성취가 음모가 아니라면 우연의 일치라고 주장하는 사람도 있다. 구약 예언이 예수님에게서 우연히 이루어질 확률을 과학적으로 계산해 본 사람도 있다. 《*Science Speaks*》(과학은 말한다)를 쓴 피터 스토너가 어떤 사람에 대한 8개의 예언이 모두 이루어질 확률은 10의 17자승분의 1이라고 계산한 것이다. 10의 17자승이라는 숫자는 동전으로 미국 텍사스 주 전체를 60센티미터 높이로 덮을 수 있는 개수인데, 10의 17자승분의 1의 확률이란, 그중 하나의 동전에 표시를 해놓고 그 모든 동전을 섞은 후에 한 사람이 눈을 가리고 자신이 다니고 싶은 만큼 다니다가 표시해 둔 동전을 찾아낼 수 있는 확률이라고 한다.

48개의 예언이 이루어질 확률은 10의 157자승분의 1이다. 우연의 일치로는 도무지 불가능한 일이다. 역사를 그 뜻대로 이루어 가시는 분이 계시지 않는 이상 도무지 이루어질 수 없는 일이다.

약속된 하나님 나라

스가랴 9장부터 14장까지는 성전 재건이 완료된 후 40여 년의 세월이 흐르고 나서 주어진 말씀이다. 성전이 재건된 지 40여 년이 흘렀지만 주변 열국들의 방해와 핍박은 여전했고 그에 따라 하나님의 백성은 불안해했다.

성전 재건이 완료되었지만 스가랴의 사명은 끝나지 않았다. 보이는 성전 재건보다 더 중요한 하나님 나라에 대한 예언이 남아 있었기 때문이다.

스가랴 1-8장이 환상을 중심으로 하나님의 백성을 격려하여 성전을 재건하도록 이끌고 있다면, 9장부터는 예언을 중심으로 하나님의 백성이 바라보아야 할 미래의 비전을 보여 주고 있다.

스가랴가 9-14장에서 보여 주는 예언의 중심에는 예수 그리스도가 계신다. 신약에서 가장 많이 인용되고 뚜렷하게 성취되는 메시아 예언들이 스가랴서에 집중되어 있다.

성경은 왕의 오심을 증거하려고 기록한 책이다. 역사의 진정한 왕이 누구인가를 보여 주려고 기록한 책이다.

1 에덴동산 : 최초의 하나님 나라

하나님께서 최초의 인간을 창조하시고 에덴동산에 그들을 두셨을 때 에덴동산은 하나님께서 왕이 되신 최초의 하나님 나라였다. 나라의 3대 요소는 영토, 국민, 주권이다. 영토는 에덴동산이고, 국민은 아담과 하와이며, 주권은 하나님께 있는 나라다. 주권이 하나님께 있다는 증거가 선악을 알게 하는 나무를 먹지 못하도록 금지하신 것이다. 이 금지 명령은 인간에게 모든 것을 위임하셨지만 주권은 하나님께 있고, 인간이 왕이 아니라 하나님께서 왕이심을 인정하도록 하는 장치였다. 그러므로 아담과 하와가 이 금지를 어긴 것은 곧 인간이 스스로 왕이 되었음을 선포한 것이었다.

2 이스라엘 : 선택된 하나님의 나라

하나님께서 이스라엘을 선택하신 이유는 하나님께서 왕이심을 보여 주기 위해서였다. 이스라엘 민족은 선택된 하나님 나라의 백성이다. 영토는 가나안 땅이다. 그리고 주권이 하나님께 있는 하나님 나라를 꿈꾸셨지만 이스라엘 백성은 하나님을 왕으로 인정하지 않고 인간을 왕으로 세워 달라고 주장했다.

> 사무엘상 8:5-7 그에게 이르되 보소서 당신은 늙고 당신의 아들들은 당신의 행위를 따르지 아니하니 모든 나라와 같이 우리에게 왕을 세워 우리를 다스리게 하소서 한지라 우리에게 왕을 주어 우리를 다스리게 하라 했을 때에 사무엘이 그것을 기뻐하지 아니하여 여호와께 기도하매 여호와께서 사무엘에게 이르시되 백성이 네게 한 말을 다 들으라 이는 그들이 너를 버림이 아니요 나를 버려 자기들의 왕이 되지 못하게 함이니라

이스라엘이 세상 나라들처럼 인간을 왕으로 세워 달라고 요구한 것은 하나님을 왕으로 모시지 않겠다는 도전이었다. 하나님은 그들의 요구가 얼마나 어리석은 것인가를 깨닫게 하기 위해 왕 제도를 허용하셨다. 결국 이스라엘은 하나님의 왕 되심을 거부하였기에 타락한 왕들로 인해 멸망하고 말았다.

이스라엘 역사의 실패 원인은 하나님의 왕권을 거부한 것이다. 또한 하나님께서 허락하신 인간 왕들이 하나님의 왕권을 거역했기 때문이다.

3 메시아 왕국 : 회복된 하나님의 나라

구약 역사의 마지막 회복기에서 하나님은 사람들이 세운 왕이 아니라 역사의 진정한 왕이 올 것을 예언하신다. 그 왕은 바로 하나님 자신이다. 하나님이 친히 역사 속에 사람으로 오셔서 왕으로 좌정하신다는 것이다. 인간들은 하나님의 왕 되심을 거부하였지만 하나님은 끝내 역사 속에서 왕 되심을 나타내실 것이다.

우리가 소리치고 마음껏 기뻐해야 하는 이유는 하나님이 친히 왕으로 이 땅에 오셔서 우리를 구원하시기 때문이다. 누가 기쁘지 않은가? 자신이 왕이라고 생각하는 사람은 기쁘지 않을 것이다.

시온의 딸을 향하여 "크게 기뻐하라!", 예루살렘의 딸에게 "즐거이 불러라!"고 말씀하시는 이유는 무엇인가? 왕이 오시기 때문이다.

그 왕은 "네 왕"이라고 하셨다. 그리고 "네게" 임하시는 왕이라고 하셨다. "네 왕이 네게 임하신다" 하신 것은 너를 구원하기 위해서, 너를 복 주시기 위해서, 너를 살리기 위해서 이 땅에 오신다는 것이다.

'임하신다'는 표현도 단순한 미래형이 아니라 현재 오고 있는 상태를 생생하게 보여 준다. 마치 오고 있는 모습을 보고 있듯이 말하고 있다. 그래서 '올 것이다' 하지 않고 '오신다', 더 정확하게 표현하면 '오고 계신다'라고 한 것이다.

'왕이 오시므로 기뻐하라'는 예언은 스가랴 9장 1-8절까지의 말씀을 배경으로 이해해야 한다.

1-8절의 말씀은 스가랴 시대로부터 약 200년 후에 일어난 그 유명한 그리스의 알렉산드로스 왕이 팔레스틴 일대를 정복하는 내용을 예언한 것이다.

주전 334년 당시 20세밖에 되지 않은 알렉산드로스 왕은 페르시아 제국의 지배하에 있던 그리스 도시국가들을 해방시키는 전쟁을 일으켰다. 마침내 주전 333년 잇수스(Issus) 전투에서 알렉산드로스가 페르시아의 다리오 3세와 직접 교전하여 승리한 후 북쪽의 시리아로부터 시작해서 정복을 시작했다. 목표는 남쪽의 애굽이었다. 먼저 시리아의 주요 도시들이 함락되었다.

9장 1-2절에 나오는 하드락, 다메섹, 하맛이 시리아의 주요 도시들이다. 알렉산드로스는 이 도시들을 쉽게 무너뜨린 다음 지중해 동부 연안의 페니키아를 공격했다. 페니키아가 자랑하는 두 도시 두로와 시돈도 그 대상이 되었다. 두로와 시돈은 당시 지중해 무역으로 엄청난 돈을 번 부유한 도시였다. 3절에 보면 은을 티끌처럼 쌓고, 순금을 거리의 진흙처럼 쌓아 두던 도시였다.

두로는 육지에서 바다로 2.5km 떨어진 섬에 난공불락의 강력한 성을 구축하여 어떤 나라도 무너뜨리지 못하던 도시였다.

앗수르도 5년 동안 포위했으나 끝내 함락시키지 못했고, 바벨론의 느부갓네살도 13년간 포위했으나 점령하지 못했다. 그런데 알렉산드로스는 7개월 동안 섬까지 이르는 제방을 쌓아 두로를 함락시켰다.

4절에서는 알렉산드로스 왕에 의한 두로의 함락을 "주께서 그를 정복하시며 그의 권세를 바다에 쳐넣으신" 것이라고 말씀하신다. 하나님께서 알렉산드로스 왕을 통해 교만하고 타락한 땅을 심판하신 것이다.

페니키아의 두로가 무너졌을 때 그 아래 있던 블레셋의 도시들은 모두 겁을 먹고 두려워했다.

> 스가랴 9:5 아스글론이 보고 무서워하며 가사도 심히 아파할 것이며 에그론은 그 소망이 수치가 되므로 역시 그러하리라 가사에는 임금이 끊어질 것이며 아스글론에는 주민이 없을 것이며

블레셋의 도시들은 알렉산드로스가 공격해 오기도 전에 무서워하고 두려워했으나 결국 함락되었다. 그들은 두로가 알렉산드로스 왕의 공격을 잘 막아 줄 것이라 믿었을 것이다. 그러나 두로가 점령되자 절망했을 것이다.

알렉산드로스는 블레셋의 도시들을 차례로 점령하고 애굽으로 내려가 애굽까지 정복하고 파라오라는 칭호까지 받은 다음 다시 올라와 동쪽으로 점령하러 가던 중 33세에 바벨론에서 갑

자기 죽었다.

이러한 알렉산드로스의 정복전쟁이 200년 전에 이미 예언되었다는 것이 얼마나 놀라운가? 놀라야 한다. 성경에 대한 경외를 가지고 읽어야 한다. 마치 보고 나서 기록한 것 같을 정도로 이 모든 예언은 그대로 이루어졌다.

그런데 중요한 것은 이 알렉산드로스가 북쪽 시리아에서 남쪽 애굽으로 정복하러 내려갈 때 그 사이에 있던 예루살렘은 어떻게 했느냐이다. 요세푸스라는 역사가에 의하면 알렉산드로스가 예루살렘은 손대지 않았다고 한다. 세상 역사가들은 순순히 항복해서 손대지 않았을 것이라고 말하지만, 바로 옆의 사마리아도 무참히 정복되었고, 정복된 도시들이 얼마나 처참하고 무자비하게 당했는지를 보면 특별한 하나님의 보호하심이 있었다고밖에 말할 수 없다.

8절에서 알렉산드로스의 정복으로부터 하나님께서 예루살렘을 보호하실 것이라고 예언되어 있는 것이 놀랍다.

> 스가랴 9:8 내가 내 집을 둘러 진을 쳐서 적군을 막아 거기 왕래하지 못하게 할 것이라 포학한 자가 다시는 그 지경으로 지나가지 못하리니 이는 내가 눈으로 친히 봄이니라

이스라엘 주변의 모든 나라들은 초토화되었다. 하나님께서 알렉산드로스를 사용하여 그 땅을 심판하신 것이다. 그러나 하

나님께서는 예루살렘을 알렉산드로스의 정복전쟁으로부터 보호하셨다. 불 성벽이 되어 주시고 눈동자처럼 지키시겠다는 말씀대로 지키신 것이다.

하나님은 알렉산드로스 왕을 열방에 대한 심판의 도구만이 아니라 메시아의 오심을 준비하는 도구로 사용하셨다. 알렉산드로스의 정복전쟁 이후 헬레니즘이 팔레스틴 일대에 퍼져 나감으로써 헬라어가 공용어가 되자 구약성경이 헬라어로 번역되어 많은 사람들에게 왕의 오심을 알리게 된 것이다. 아마 알렉산드로스 왕의 정복으로 인해 변화된 환경이 아니었다면 교회의 성장은 상상할 수도 없었을 것이다.

하나님은 알렉산드로스 왕을 사용하셨지만, 정작 알렉산드로스 왕 자신은 하나님을 왕으로 인정하는 사람이 아니라 주변의 나라들을 억압하는 왕이었을 뿐이다. 자신의 야망으로 영토를 확장하고, 스스로 파라오가 되어 신처럼 군림하기 위해 주변 나라들을 침범한 것이다.

당시 알렉산드로스 왕이 오고 있다는 소식은 모두에게 두려움이었다. 알렉산드로스 왕은 억압하고 파괴하기 위해 왔지만 장차 오시는 왕은 구원을 위해 오신다. 그러므로 소리쳐 기뻐하며 왕을 맞으라는 것이다.

9절에서 우리가 기뻐하며 맞이해야 할 이 왕이 어떤 분인지를 자세하게 소개하고 있다.

첫째, 의로우신 왕이다.

인간이 왕이 되었을 때 의로움을 끝까지 지켜 나라를 다스리는 일이 불가능하다는 것은 성경과 인류 역사에서 증명된 사실이다. 왕의 자리는 결코 인간에게 합당한 자리가 아니다. 인간이 말한 것이 곧 법이 되는 왕정시대는 결코 오래가지 못했다. 인간은 결코 의롭지 못하기 때문이다.

진정으로 의로운 왕은 알렉산드로스처럼 자신의 야망을 충족시키는 왕이 아니라 자신을 희생하는 왕이다. 예수님은 자신을 십자가에서 희생하심으로써 자신의 의로움을 지키셨다. 예수님이 의로우신 분이 아니라면 그분은 우리를 구원하실 수 없고 우리의 왕이 되실 수 없다.

둘째, 겸손하신 왕이다.

그분은 겸손하셔서 어린 새끼 나귀를 타고 오신다고 했다. 이 예언은 500년 후 예수님께서 예루살렘에 입성하실 때 어린 나귀를 타심으로 정확하게 성취되었다. 사람들은 그 예언은 너무 쉽게 이룰 수 있는 것 아니냐고 생각하지만 오히려 정반대다.

당시 왕은 정복자 알렉산드로스처럼 말을 타는 것이 관례였기 때문이다. 왕이 나귀를 탄다는 것은 우스꽝스러운 일이었다. 늠름한 말을 타지 않고 작고 뒤뚱거리는 나귀를 탄다는 것은 그만큼 겸손하기 때문이다. 예수님은 태어나실 때도 구유에서 나셨다. 이 구유를 말구유로 오해하는 사람도 있는데 사실은 나귀의 구유다.

예수님이 예루살렘에 입성하실 때 나귀를 타고 오시는 왕으로 자신을 드러내신 일은 매우 위험한 일이었다.

예수님은 그동안 자신을 알리지 않고 숨기셨는데 예루살렘에 입성할 때는 자신을 나타내셨다. 이때는 이미 유대 지도자들이 예수님을 죽이기로 결심하고 작전을 세우고 있을 때였다. 위험한 때였다. 죽음을 피하려면 사람들의 주목을 받으면 안 되는 때였다. 예루살렘에 들어가더라도 위장하고 들어가야 하는 때였다. 그런데 예수님은 자신을 의도적으로 노출시켜서 표적이 되셨다. 유대 지도자들이 찾기 쉽게 해 주신 것이다.

사람들은 종려나무 가지를 흔들고 겉옷을 벗어 깔아 예수님을 환영했는데 사실 그들은 앞으로 일어날 십자가를 모르고 예수님을 세상의 왕으로 모시며 환영한 것이다. 교회에서 성극을 할 때 예수님이 나귀 타고 예루살렘에 입성하면서 환호하는 군중을 향해 손을 흔드는 것으로 표현하는데, 실상은 그렇지 않았을 것이다. 예수님은 겸손하셔서 군중들의 환호에 전혀 요동하지 않으셨을 것이다. 세상의 정치적인 목적을 이루는 왕이 아니라 십자가에서 못 박혀 구원을 이루시는 왕으로 오셨기 때문이다.

셋째, 평화로 다스리시는 왕이다.

> 스가랴 9:10 내가 에브라임의 병거와 예루살렘의 말을 끊겠고 전쟁하는 활도 끊으리니 그가 이방 사람에게 화평을 전할 것이요 그의 통치는 바다에서 바다까지 이르고 유브라데 강에서 땅 끝까지 이르리라

9절과 10절 사이에는 적어도 2000년 이상의 시간차가 존재한다. 9절은 예수님의 초림으로 성취되었지만 10절은 아직도 성취되지 않았기 때문이다. 10절은 예수님의 재림으로 성취될 것이다. 몇 년의 시간차로 이 말씀이 성취될지는 모르지만 지금까지의 모든 예언이 성취되었기에 10절의 예언도 언젠가 성취될 것이다.

다시 오시는 왕은 세상의 왕들이 어떻게든 증강시키려 한 무기들을 없애신다고 한다. 병거와 말과 전쟁용 활들을 제거하실 것이라고 한다. 왜 무기들을 제거하시는가? 전쟁과 무력으로 다른 나라를 억누름으로 이루는 평화가 아니라 십자가에서 자기 몸을 내어 주심으로 이루는 평화를 가져올 것이기 때문이다. 전쟁을 통해 이루는 평화가 아니라 전쟁 자체를 정복함으로써 이루는 평화를 성취할 것이기 때문이다.

그분의 평화 통치는 "다른 민족들에게도" 전해지고 "바다에서 바다까지", "유브라데에서 땅 끝까지" 이를 것이다.

늘 전쟁을 일삼는 다른 민족들에도 평화가 전해지는 것이다. 유대인과 이방인의 벽이 허물어지고 평화가 임한다. 하나님과 인간 사이를 단절시킨 장벽이 무너지고 평화가 임한다. 바다에서 바다까지, 유브라데에서 땅 끝까지, 온 우주가 다시 오시는 왕의 통치를 받을 것이다.

이러한 통치는 예수 그리스도를 왕으로 인정하며 사는 백성에게서 일부분 이루어지고 있다.

우리의 비전은 이 평화의 통치를 기대하고 바라보고 사모하는 것이다.

우리는 왕의 오심을 기뻐하라는 말씀 앞에서 결단해야 한다.

왕으로 오신 그분을 나는 왕으로 모시고 받아들였는가?

왕의 오심을 기뻐하는가? 진정 마음껏 기뻐하는가?

그리고 왕의 다시 오심을 기대하는가?

의로우시고 구원을 베푸시는 왕을 나의 왕으로 받아들였는가?

죽기까지 낮아지신 겸손하신 왕을 나의 왕으로 받아들였는가?

구약의 모든 예언을 이루며 우리에게 오신 왕을 왕으로 받아들이고 그분을 높이는가? 우리에게 다시 오셔서 영원한 평화를 이루실 왕을 기대하며 기다리는가?

12 

늦은 비를 구하라

스가랴 10:1-12

스가랴서 후반부에서는 장차 오실 그리스도에 대한 예언으로 가득 차 있다. 9장에서는 교만한 세상의 왕과 대조되는 겸손과 공의의 왕으로 오시는 메시아에 대하여 예언하고 있다. 10장에서는 메시아가 오심으로 주어지는 축복에 대하여 예언하면서 그 축복을 받기 위해 어떻게 해야 하는가를 알려 준다.

늦은 비를 구하라

스가랴 10:1 봄비가 올 때에 여호와 곧 구름을 일게 하시는 여호

와께 비를 구하라 무리에게 소낙비를 내려서 밭의 채소를 각 사람에게 주시리라

봄비 내리는 철에 하나님께 비를 구하라는 말씀이다. 10장에서 갑자기 비에 대한 말씀이 나오는 것이 어색해 보이지만 이 말씀은 9장과 연결되어 있다. 9장 17절에서 하나님께서 곡식과 새 포도주로 잘살게 해 주신다 하셨는데, 풍성한 수확의 축복은 비가 내리지 않으면 결코 이루어질 수 없는 것이다.

가나안 땅에는 두 개의 일정한 우기가 있다.

10~11월에 내리는 '가을비'는 씨를 움트게 하는 비다. 이를 성경에서는 '이른 비'라고 부른다. 이듬해 3~4월 봄에 내리는 '봄비'는 추수 전에 곡식을 무르익게 하는 비다. 이를 '늦은 비'라고 한다.

우리 식으로 생각하면 '가을비'가 '늦은 비'이고, '봄비'가 '이른 비'라고 생각하기 쉬운데 정반대다. '가을비' 곧 '이른 비'가 내리지 않으면 씨가 움트지 않고, '봄비' 곧 '늦은 비'가 내리지 않으면 곡식이 익지 않아 추수가 되지 않는다. 이른 비와 늦은 비 어느 한쪽이라도 내리지 않으면 그 땅에는 흉년이 온다.

그런데 하나님께서는 약속의 땅에 이른 비와 늦은 비를 때에 맞게 보내셔서 그 땅을 축복하셨다.

 신명기 11:14 여호와께서 너희의 땅에 이른 비, 늦은 비를 적당한

때에 내리시리니 너희가 곡식과 포도주와 기름을 얻을 것이요

그런데 하나님의 축복으로 때가 되면 비가 내리니까 사람들은 이른 비와 늦은 비가 내리는 것을 너무나 당연한 것으로 여겼다. 굳이 구하지 않아도 비는 언제나 자연히 오는 것이라고 생각했다. 결국 비를 주시는 하나님을 잊어버렸다.

이제 하나님은 우리가 비를 구해야 주실 것이라고 말씀하신다. 따라서 봄비 내리는 철에 비를 구하라는 말씀은 하나님께서 이미 주시기로 약속한 축복이라도 우리가 그것을 간구해야 한다는 말씀이다. 이제 하나님은 하나님께서 주시기 원하는 축복의 약속도 성도들의 기도와 간구를 통해 이루어 주기 원하시는 것이다.

다니엘이 그 모범을 보여 주었다. 다니엘이 바벨론에서 살던 어느 날 예레미야의 예언이 기록된 책을 읽다가 놀라운 발견을 했다. 하나님께서 예루살렘이 무너진 지 70년 만에 돌아오게 하시겠다는 약속을 발견한 것이다. 그 약속을 발견했을 때 그는 "아! 이제 거의 70년이 되었으니 돌아갈 준비를 하면 되겠구나!"라고 말하고 가만히 있지 않았다. 그는 기도했다.

다니엘 9:1-3 메대 족속 아하수에로의 아들 다리오가 갈대아 나라 왕으로 세움을 받던 첫 해 곧 그 통치 원년에 나 다니엘이 책을 통해 여호와께서 말씀으로 선지자 예레미야에게 알려 주신 그

연수를 깨달았나니 곧 예루살렘의 황폐함이 칠십 년 만에 그치리라 하신 것이니라 내가 금식하며 베옷을 입고 재를 덮어쓰고 주 하나님께 기도하며 간구하기를 결심하고

기도하지 않고 누리는 축복은 아무리 많은 축복을 하나님께서 주셔도 하나님께서 주셨다는 고백이 없기에 하나님을 아는 지식에 이르지 못한다. 구하지 않고 하나님께서 약속하신 축복을 주시면 하나님께 영광을 올리지 않고 자신의 능력으로 얻은 것으로 생각한다. 감사하지 않음으로 하나님을 더 깊이 알아가지 못한다. 그러므로 하나님의 약속을 믿지만, 믿으니까 가만히 있는 것이 아니라 믿음으로 구해야 하는 것이다.

하나님은 우리가 간절히 기도함으로 '늦은 비'의 은혜를 받기 원하신다. 성경에서 우리에게 약속된 성령의 충만한 임재하심은 '늦은 비'로 비유되었다.

호세아 6:3 그러므로 우리가 여호와를 알자 힘써 여호와를 알자 그의 나타나심은 새벽 빛같이 어김없나니 비와 같이, 땅을 적시는 늦은 비와 같이 우리에게 임하시리라 하니라

교회는 오순절 성령강림 때에 '이른 비'를 맞아 능력을 얻었다. 오순절에 성령께서 충만하게 임하심으로 '이른 비'의 은혜를 경험한 것이다. 교회의 싹이 피어난 것이다. 그리고 영적 추

수 때에 모든 사람에게 부어지는 성령 충만의 약속이 주어졌다. '늦은 비'의 은혜가 약속된 것이다.

그러나 이 은혜의 약속이 주어졌다고 해서 이 약속이 저절로 이루어지는 것이 아니다. 우리는 이 '늦은 비'의 은혜를 하나님께 구해야 한다. 천하만국의 하나님의 자녀들을 모아들이는 큰 추수가 이루어지기 위해서는 '늦은 비'의 은혜를 구해야 한다.

우리의 회심은 '이른 비'의 은혜를 경험한 것이다. 하지만 잘 익은 열매와 같이 무르익은 성화의 열매를 맺기 위해서는 '늦은 비'의 은혜 또한 경험해야 한다. 이를 위해 하나님께 계속해서 기도해야 한다.

늦은 비의 은혜가 그친 이유

그런데 사람들은 비를 주시는 분이 하나님이심에도 불구하고 하나님 앞에 나아오지 않고 헛된 우상들을 찾아 나선다. 이것이 바로 늦은 비의 은혜가 그친 이유다.

> 스가랴 10:2-3 드라빔들은 허탄한 것을 말하며 복술자는 진실하지 않은 것을 보고 거짓 꿈을 말한즉 그 위로가 헛되므로 백성들이 양같이 유리하며 목자가 없으므로 곤고를 당하나니 내가 목자들에게 노를 발하며 내가 숫염소들을 벌하리라 만군의 여호와

가 그 무리 곧 유다 족속을 돌보아 그들을 전쟁의 준마와 같게 하리니

고대 근동의 농경 사회에서 사람들은 비와 관련된 신들을 많이 섬겼다. 바알은 당시 가장 유행하던 우상으로서 비를 부르는 천둥과 번개의 신으로 섬겼다. 스가랴 10장 2-3절은 비를 얻기 위해 당시 사람들이 의지하던 드라빔과 복술자와 거짓 꿈을 지적하고 있다.

드라빔은 우리말성경에서 '우상'으로 번역되었는데, 당시 사람들은 인간의 모양으로 만들어진 드라빔이 소위 길흉을 판별해 준다고 믿어서 가정의 수호신으로 여겼다. 당시 드라빔은 길흉을 판단하는 휴대용 우상일 뿐만 아니라 드라빔을 소유한다는 것은 그 가정의 상속권을 계승한다는 것을 의미하기도 했다. 라헬이 아버지 라반의 드라빔을 훔쳐 나온 것은 우상숭배의 차원이 아니라 아버지의 상속권을 후에 주장하기 위해서였다. 그 남편에 그 아내다.

복술자는 동물의 간이나 죽은 자의 시체를 검사하여 점을 치는 자를 말한다. 당시 널리 사용되던 점치는 방법이었다.

거짓 꿈이란 거짓 선지자들이 거짓되고 악한 꿈을 만들어 내 사람들을 현혹하는 것을 말한다.

이러한 우상과 거짓 사술을 의지하여 비를 내리게 하고자 했지만 그 결과 도리어 하늘의 비가 그치고 땅은 열매를 내지 않

게 되었으며 영적으로 물질적으로 파멸에 이르렀다. 비는 만물을 다스리시는 하나님께서 주시는 것이며 하나님께 기도함으로 얻을 수 있는 것인데 자연을 다스릴 수 없는 헛된 우상과 미신을 의지하였기 때문이다.

예레미야 14:22 이방인의 우상 가운데 능히 비를 내리게 할 자가 있나이까 하늘이 능히 소나기를 내릴 수 있으리이까 우리 하나님 여호와여 그리하는 자는 주가 아니시니이까 그러므로 우리가 주를 앙망하옵는 것은 주께서 이 모든 것을 만드셨음이니이다 하니라

절망적인 것은 거짓된 우상숭배들을 근절시키고 하나님께로 인도해야 할 목자와 지도자들이 도리어 앞장서서 이러한 일을 행함으로써 이스라엘이 목자 없는 양같이 더욱 방황하게 되었다는 것이다.

하나님께서는 백성을 목자 없는 양같이 유리하게 하고 곤고함을 당하게 한 이스라엘의 지도자들에 대하여 책망하신다.

스가랴 10:3 내가 목자들에게 노를 발하며 내가 숫염소들을 벌하리라

지도자들이 백성으로 하여금 우상에서 떠나도록 하기는커녕

우상숭배를 도움으로써 방황하도록 방치하였기 때문에 하나님의 진노를 받아야 했다.

그리스도는 누구인가?

이러한 절망적인 상황에서 스가랴는 백성에게 늦은 비의 은혜, 소나기 같은 은혜를 가져오실 메시아의 출현을 예언한다.

> 스가랴 10:4 모퉁잇돌이 그에게서, 말뚝이 그에게서, 싸우는 활이 그에게서, 권세 잡은 자가 다 일제히 그에게서 나와서

백성을 목자 없는 양같이 길을 잃고 헤매게 하고 고통당하도록 만듦으로써 하나님의 분노를 산 지도자들과는 대조적으로 진정한 하나님의 목자로서 메시아가 오실 것을 예언하고 있다. 사람들은 인간 지도력의 한계를 경험할 때에야 비로소 하나님의 지도력을 인정하기 때문이다. 그리스도는 누구인가?

첫째, 장차 오실 메시아는 모퉁잇돌 같은 분이다.

모퉁잇돌은 건물의 기초이면서 건물의 성격과 크기를 결정짓는 가장 중요한 돌이다. 그래서 고대 건물에서 모퉁잇돌을 보면 그 건물의 성격과 크기를 파악할 수 있었다. 모퉁잇돌이

무너지면 건물 전체가 무너진다. 당시에는 장차 공동체를 이끌어 갈 지도자를 가리키는 상징적인 단어로 모퉁잇돌을 사용했다. 그래서 메시아를 예언하는 유명한 상징으로 모퉁잇돌을 사용하신 것이다.

예수님은 하나님의 성전의 모퉁잇돌이 되셨다.

> 에베소서 2:20-21 너희는 사도들과 선지자들의 터 위에 세우심을 입은 자라 그리스도 예수께서 친히 모퉁잇돌이 되셨느니라 그의 안에서 건물마다 서로 연결하여 주 안에서 성전이 되어 가고

모퉁잇돌은 지붕이나 창문처럼 남의 눈에 쉽게 띄지 않는다. 그러나 온 건물의 무게를 말없이 지탱해 낸다. 진정한 지도자란 모퉁잇돌처럼 드러나지는 않지만 공동체의 중심을 지탱해 주는 자다.

둘째, 장차 오실 메시아는 천막의 말뚝 같은 분이다.

건물에 모퉁잇돌이 있듯이 천막에는 말뚝이 있다. 이 말뚝은 천막이 무너지지 않도록 견고하게 지탱해 주는 지지대다. 이 말뚝이라는 단어 또한 권위자나 지도자를 가리키는 단어다. 그리스도는 교회의 모퉁잇돌로서 기초가 되실 뿐만 아니라 견고하게 지탱해 주시는 분이다.

셋째, 장차 오실 메시아는 싸울 때의 활 같은 분이다.

그리스도는 원수를 이기는 승리자이시다. 음부의 권세가 교회를 무너뜨릴 수 없는 것은 그리스도께서 모퉁잇돌이 되시고 천막의 말뚝이 되실 뿐 아니라 싸울 때의 활이 되어 주시기 때문이다. 그리스도는 방어자가 되실 뿐만 아니라 원수를 공격하고 승리하는 승리자도 되신다.

스가랴 10장에서 예언하고 있는 메시아의 모습은 진정 의지할 수 있는 견고한 분, 능력이 되어 주시는 분, 우리의 승리가 되어 주시는 분이다.

당시 지도자들이 백성이 목자 없는 양같이 길을 잃고 방황하도록 만든 것과 대조적으로 백성의 중심이 되고, 믿고 의지할 수 있으며, 백성을 위해 싸워 주는 진정한 지도자로서 오시는 분이다.

늦은 비의 은혜가 임할 때

스가랴 10장은 메시아로 인한 늦은 비의 은혜가 임할 때 그 백성에게 어떤 축복이 임하는지를 여러 가지 표현으로 설명하고 있다.

첫째, 하나님께 한 번도 버림받지 않은 것같이 될 것이다.

스가랴 10:6 내가 유다 족속을 견고하게 하며 요셉 족속을 구원할 지라 내가 그들을 긍휼히 여김으로 그들이 돌아오게 하리니 그들은 내가 내버린 일이 없었음같이 되리라 나는 그들의 하나님 여호와라 내가 그들에게 들으리라

그리스도의 십자가로 구속받은 사람들은 마치 예전에 하나님께 한 번도 버림받지 않은 것처럼 된다는 것이다. 하나님께서 주시는 회복이란 단순히 타락 이전의 상태로 되돌아가는 것이 아니다. 하나님께 버림받은 적이 없는 사람처럼 회복되는 것이다. 구원의 은혜는 과거에 죄 가운데 있던 모든 고통을 완전히 씻고도 더 넘치는 은혜다.

이사야 43:25 네 죄를 기억하지 아니하리라

에스겔 36:11 너희를 처음보다 낫게 대우하리니

어느 신학자는 말하기를 "타락 이전의 인간이 하나님과 교제한 관계보다 타락한 후 그리스도의 십자가로 구원받은 후 하나님과 나누는 교제가 더 깊고 친밀하다"고 했다. 타락이 꼭 있어야 한다는 뜻이 아니다. 인간은 타락하여 하나님과의 관계를 깨뜨렸지만, 그리스도의 십자가를 통해 그 타락으로부터 하나님께서 회복시키셨을 때는 타락 이전보다 더 아름답고 더 온전

한 인간으로 회복된다는 것이다. 타락으로 인해 하나님께 버려진 상처가 조금도 남아 있지 않게 된다는 것이다.

알프레드 디 수자가 쓴 시 중에 '사랑하라, 한 번도 상처받지 않은 것처럼'이라는 시가 있다. 한 번도 상처받지 않은 것처럼 사랑하는 일이 가능한가? 그리스도의 십자가 은혜와 하나님의 사랑을 경험하면 가능하다.

태어나 자라면서 수많은 사람에게 상처를 입고 버림받았을지라도, 있는 그대로 우리를 사랑하시고 우리를 위해 자신의 생명을 다하신 그리스도의 사랑을 체험하면, 한 번도 상처받지 않은 사람처럼 다른 사람을 사랑하는 것이 가능하다. 사랑은 받지 않고는 결코 줄 수 없다. 하나님의 크고 놀라운 사랑, 위대한 사랑, 변함없는 사랑, 무한한 사랑을 경험하면 한 번도 상처입지 않은 것처럼 다른 사람들을 사랑할 수 있게 된다.

이러한 은혜를 경험한 사람의 모습이 7절에 나타난다.

> 스가랴 10:7 포도주를 마심같이 마음이 즐거울 것이요 그들의 자손은 보고 기뻐하며 여호와로 말미암아 마음에 즐거워하리라

이 즐거움은 버림받았다가 다시 받아들여진 기쁨 정도가 아니라 마치 한 번도 버림받은 적 없는 것 같은 즐거움이라는 것이다. 죄와 타락에 대한 하나님의 심판이 전혀 없었던 것처럼 즐거워하는 것으로 회복된다는 것이다. 하나님으로 인하여 즐

거워하는 것이다.

둘째, 하나님의 휘파람 소리를 듣고 모일 것이다.

> 스가랴 10:8 내가 그들을 향하여 휘파람을 불어 그들을 모을 것은 내가 그들을 구속하였음이라 그들이 전에 번성하던 것같이 번성하리라

재미있는 표현이다. 목자는 양들을 모을 때 일일이 뛰어다니지 않는다. 휘파람을 불면 양들이 목자의 소리를 듣고 모인다. 양들이 목자의 휘파람 소리를 듣고 움직이는 것처럼 그리스도의 십자가로 구속받은 사람들은 하나님의 휘파람 소리를 듣고 목자 되시는 그리스도 앞에 모이게 될 것이다.

잃어버린 하나님의 양들을 모이게 하는 것은 우리의 능력 같지만 실상은 하나님의 휘파람 소리가 그들을 모이게 하는 것이다.

> 이사야 5:26 또 그가 기치를 세우시고 먼 나라들을 불러 땅 끝에서부터 자기에게로 오게 하실 것이라 보라 그들이 빨리 달려올 것이로되

휘파람 소리는 모이게 하는 신호일 뿐만 아니라 마음이 기쁘고 즐거울 때 내는 소리다. 그리스도께서 세상에 오심으로 하

나님께서 휘파람 소리를 내실 수 있게 되었다. 하나님께서 사랑하시는 자녀들과 회복의 길이 열렸고, 막힌 담이 무너졌고, 하나님의 백성이 하나로 모일 수 있게 되었기 때문이다.

하나님의 부르심은 휘파람처럼 아주 작은 소리일지라도 멀리서도 돌아오게 하는 능력 있는 부르심이다. 하나님과 관계가 회복된 사람들은 하나님의 휘파람 소리를 듣고 먼 곳에서도 하나님을 기억하고 돌아오게 될 것이다. 하나님께서는 지금도 휘파람을 부셔서 온 천하만국 백성을 모으고 계신다.

전도하다 보면 하나님께서 휘파람을 부셔서 모으고 있다는 것을 느낄 때가 있다. 복음을 전하다 보면, 시종 냉담하고 조롱하고 심지어 욕하는 사람이 있는가 하면, 왜 이제야 이런 귀한 복음을 나에게 소개해 주느냐고 반기는 사람도 있다. 그들은 하나님의 휘파람 소리를 듣고 있었던 것이다.

셋째, 하나님을 의지함으로 고통의 파도를 이기게 될 것이다.

스가랴 10:11-12 내가 그들이 고난의 바다를 지나갈 때에 바다 물결을 치리니 나일의 깊은 곳이 다 마르겠고 앗수르의 교만이 낮아지겠고 애굽의 규가 없어지리라 내가 그들로 나 여호와를 의지하여 견고하게 하리니 그들이 내 이름으로 행하리라 나 여호와의 말이니라 그리스도의 십자가로 구속받은 사람들은 고통의 파도를 이기고 승리하게 될 것이다. 하나님께서 일으키시는 고통의 파도는 높은 것을 깎아내리는 파도다. 하나님께서는 애굽과 앗수르의 교만을 꺾기 위해 고통의 파도를 일으키셨다. 나일 강을 마르게 하시고 애굽의 다스리는 힘을 사라지게 하셨다. 그런데 만일 우리가 그들처럼 교만해져 있으면 고통의 파도 속에 함께 휩쓸려가게 될 것이다.

고통의 파도는 하나님의 백성을 죽이려고 보내시는 것이 아니라 하나님의 대적자들을 무너뜨리기 위해서 보내시는 것이다. 하나님께서 일으키시는 고통의 파도는 세상의 힘을 의지하는 자들을 끊으시는 파도다. 세상의 힘과 권세만 의지하고 있을 때는 이 고통의 파도를 이겨 낼 수 없다. 고통의 파도에 휩쓸려 사라져 버리게 될 것이다.

고통의 파도를 이기는 승리는 바로 하나님을 의지할 때 주어지는 것이다. 하나님께서 고통의 파도를 주시는 이유는 하나님을 의지하도록 하기 위해서이기 때문이다.

> 스가랴 10:12 내가 그들로 나 여호와를 의지하여 견고하게 하리니 그들이 내 이름으로 행하리라 나 여호와의 말이니라

"봄비 때에 여호와께 비를 구하라." 우리에게 약속된 늦은 비의 은혜가 있다. 그리스도의 십자가로 구속받은 사람들에게 약

속된 풍성한 축복이 있다.

"한 번도 버림받지 않은 것처럼" 풍성한 삶을 살 수 있는 약속이 주어져 있다.

"하나님의 휘파람 소리"를 듣고 살아갈 수 있는 약속이 주어져 있다.

"고통의 바다"를 이기고 승리하며 살아갈 수 있는 약속이 주어져 있다.

이러한 약속을 바라보며 우리는 하나님께 구해야 한다.

약속된 늦은 비의 은혜를 내려 주소서!

13

참 목자를 보내리라

스가랴 11:4-17

죄는 언제나 어리석은 선택을 하게 만든다. 순간적인 죄의 즐거움과 그 죄로 인해 겪게 될 엄청난 대가를 서로 바꾸는 바보 같은 거래를 하기 때문이다.

죄는 인생을 넓고 길게 보지 못하게 만들어 오히려 좁고 짧은 시각으로 보게 한다. 순간을 포기하고 영원을 선택해야 하는데, 영원을 포기하고 순간을 선택하게 만든다.

죄는 하나님을 떠나는 것에서 시작되었다. 하나님을 떠난 인간은 물을 떠난 물고기와 같고, 나무에서 끊어진 가지와 같고, 목자 없는 양 떼와 같다. 그것은 곧 죽음과 같다.

그런데 죄는 하나님을 떠나는 것에 그치지 아니하고, 하나님을 배척하고 반항하는 것으로까지 나아간다. 죄는 가만히 있지 않고 자란다. 욕심이 잉태하여 죄를 낳고, 죄가 장성한즉 사망을 낳는다고 하였다.

하나님을 떠나는 것이 죽음이라면, 하나님을 배척하고 반항하는 것은 비참하고 잔혹한 죽음이다.

우리는 모두 잡아먹힐 양 떼

스가랴 11장은 비참한 예언이다. 양 떼가 목자를 배척하는 어리석은 선택을 함으로써 비참하고 잔혹한 멸망을 당하는 내용이기 때문이다. 결코 있을 수 없는, 결코 있어서는 안 되는 일이 양 떼가 목자를 배척하는 일이다. 스스로 무덤을 파는 일이며 잔혹한 죽음을 초래하는 일이기 때문이다.

실제 양들은 그렇게 목자를 배척할 수 없다. 그런데 양 떼로 비유되는 인간은 참 목자이신 예수 그리스도를 배척했다. 인간은 겉은 양 떼이지만 속은 이리 떼이기 때문이다. 자신을 보호하고, 자신을 먹이는 참 목자를 거부하는 양처럼 어리석고 악한 존재는 없을 것이다. 그런데 인간이 바로 그런 양 떼다. 인간을 구원하시기 위해 오신 메시아를 배척하는 인간처럼 어리석고 악한 존재는 없는 것이다.

목자에게 주어진 하나님의 명령은 다음과 같다.

스가랴 11:4 여호와 나의 하나님이 이르시되 너는 잡혀 죽을 양 떼를 먹이라

하나님께서 스가랴에게 말씀하시는 것인데 스가랴는 이 순간 목자가 되어 이 말씀을 받고 있다. 그리고 장차 오실 메시아의 대리인으로서 이 명령을 받고 있다. 장차 오실 메시아는 목자로서 하나님의 명령을 받는다.

하나님은 잡아먹힐 운명에 처한 양 떼를 버리시지 않고 불쌍히 여겨서 기르기를 원하시는 분이다.

양 떼가 '잡아먹힐' 운명이라는 것은 무엇인가 잘못되어 있다는 것을 의미한다. 목자의 보호 아래 푸른 초장에서 뒹굴며 지내는 행복한 생활이 아니라 잡혀서 양고기가 될 운명이라는 것이다.

인류의 미래를 한마디로 표현하면 '잡아먹힐 양 떼'와 같다. 그냥 내버려두면 비참한 최후를 맞을 것이다. 하나님은 이런 상황에서 한 목자를 보내어 잡아먹힐 처지에 놓인 이 양 떼들을 구원하여 기르기를 원하셨다. 하나님이 보내신 목자의 보호 아래 양 떼들이 평화를 누리기를 원하셨다. 이른바 '잡아먹힐 양 떼 구하기 프로젝트'다.

하나님께서 보내시는 목자는 이 하나님의 명령에 순종하여 이 양 떼를 기르겠다고 하신다. 이 프로젝트의 실행자로 순종하여 나선 것이다.

스가랴 11:7 내가 잡혀 죽을 양 떼를 먹이니 참으로 가련한 양들이라 내가 막대기 둘을 취하여 하나는 은총이라 하며 하나는 연합이라 하고 양 떼를 먹일새

하나님께서 보내시는 목자는 잡아먹히게 될 양 떼를 불쌍히 여겨서 하나님의 명령에 순종하여 기를 것이라고 한다. 그리고 그는 두 개의 막대기를 사용한다고 한다.

원래 목자들은 양 떼를 인도하기 위해 막대기와 지팡이를 사용한다. 시편 23편에서도 주의 지팡이와 막대기가 나를 안위하신다고 고백하였다. 막대기는 들짐승들로부터 양 떼를 지키는 데 사용되었고, 지팡이는 양들이 위험에 처했을 때 인도하는 도구다.

그런데 막대기 둘에는 이름이 부여되어 있다. 하나는 '은혜'라 부르고, 또 하나는 '연합'이라고 불렀다. 이것은 하나님께서 보내신 목자가 어떻게 양 떼를 구하고 다스리는지를 설명하고 있다.

참 목자로 오신 예수님이 다스리시는 나라는 은혜와 연합의 나라다. 은혜란 하나님께서 위에서 주시는 것으로서 수직적인 축복이다. 연합이란 백성 사이에서 이루어지는 것으로서 수평적인 축복이다. 은혜로 구원받아 서로 하나되는 공동체를 이루는 것이다.

아담 이래로 타락한 인간이 그래도 인간답게 살 수 있는 것

은 하나님께서 은혜의 막대기와 연합의 막대기로 보호해 주시기 때문이다. 만일 하나님께서 은혜와 연합의 막대기를 거두시면 우리는 분열하고 서로 싸워 멸망할 수밖에 없다.

우리를 진정 연합시킬 수 있는 것은 하나님의 은혜다. 나의 나된 것은 하나님의 은혜라는 고백이 있는 사람들은 함께 연합을 이룰 수 있다. 하나님의 은혜가 아닌 나의 능력이나 성취를 주장할 때 연합은 깨어지고 만다.

"잡아먹힐 양 떼"는 하나님께서 주시는 은혜와 서로간의 연합의 보호 아래 있을 때 잡아먹히는 운명으로부터 벗어나게 되는 것이다. '잡아먹힐 양 떼'에서 '하나님의 은혜와 연합으로 보호받고 축복받은 양 떼'로 변화되는 것이다.

목자를 싫어하는 '잡아먹힐 양 떼'

그런데 이 "잡아먹힐 양 떼"는 목자를 싫어하고 목자의 인도와 보호에 순종하지 않으며 오히려 목자를 배척하였다.

> 스가랴 11:8 한 달 동안에 내가 그 세 목자를 제거하였으니 이는 내 마음에 그들을 싫어하였고 그들의 마음에도 나를 미워하였음이라

잡아먹힐 양 떼를 목양한 지 한 달 동안 하나님께서 세 목자를 쫓아냈다고 한다. 하나님께서 싫어한 세 목자가 누군지에 대한 견해는 너무나 다양한데 그중 가장 받아들일 만한 견해는 백성을 인도하던 왕과 제사장, 선지자를 의미한다는 것이다. 이들은 백성을 대표하는 세 직분으로서 이는 곧 모든 백성을 의미한다.

그들은 하나님께서 보내신 목자를 싫어하였다. 많은 사람들이 지지한다고 해서 반드시 옳은 것은 아니다. 요즘 정치는 지지율로 모든 것이 평가되는데, 이 지지율은 옳고 그름과 상관없다. 대중의 지지가 없어도 올바른 것을 말할 수 있는 지도자가 필요하다.

예수님 당시 예수님에 대한 지지율은 기적을 일으킬 때는 하늘까지 치솟다가 정치가들이 뒤에서 협박하고 조작하니 땅에 떨어져 예수님을 십자가에 못 박으라고 외치는 데까지 이르렀다. 십자가에 못 박혀 죽은 예수님을 지지율로 평가해서 믿으라고 한다면 누가 믿을 수 있겠는가?

사람들은 자신을 구하러 온 목자를 싫어했고 배척했다. 지금 자신의 상태가 어떠한지 알지 못하거니와, 그분이 누구인지조차 알지 못하기 때문이다. 종이 주인을 배척한 것이고, 피조물이 창조주를 배척한 것이다.

마가복음 12장의 악한 포도원 농부의 비유는 목자를 배척한 양 떼를 떠올리게 한다. 어떤 포도원 주인이 포도원을 세주고 멀리 떠났는데 수확할 때가 되어 소출을 받으려고 종을 보냈더니 그 종을 잡아다가 때리고는 돌려보냈다. 주인이 다른 종을 또 보내니 그 종도 때리고 모욕해서 돌려보냈다. 주인은 계속 종들을 보내고 농부는 그때마다 때리고 심지어 죽이기까지 했다. 주인은 마지막으로 설마 내 아들은 존중하겠지 하며 자신의 사랑하는 아들을 보냈다. 그러나 농부들은 아들을 죽이면 상속자가 없어지므로 우리가 포도원을 차지할 수 있겠구나 해서 아들까지 죽여 버렸다. 이렇게 악한 농부들이 어디 있겠는가?

그런데 포도원 주인은 첫 번째 종이 희생되었을 때 바로 조치를 취하지 않고 계속해서 종을 보내더니 아들까지 보냈다. 사랑으로 인내한 것이다. 하나님은 언제나 오래 참으신다. 먼저 복수하지 않으시고 사랑으로 인내하신다. 농부들이 주인의 아들까지 죽였을 때 주인은 무력하게 패배한 것처럼 보인다.

농부들은 주인을 모욕하고 주인의 아들까지 죽였다. 우연한 모욕이 아니라 계획적인 모욕이요, 악한 반역이요, 주인의 사랑의 인내를 이용한 악행이다.

예수님의 십자가는 인간이 하나님을 향해 가한 최고의 모욕이요 악행이다. 인간은 하나님의 아들을 죽임으로써 세상의 주인이 되고자 했다. 그러나 아들을 보낸 사랑을 거부한다면 더 이상 줄 사랑은 남아 있지 않다. 이제는 공의밖에 남지 않은 것이다. 하나님께서 사용하실 수 있는 모든 사랑을 주셨다면 이제 하나님의 공의로운 심판밖에 남아 있지 않은 것이다. 하나님의 아들의 희생은 하나님의 인내의 한계점이다.

불신자들은 흔히 예수 안 믿으면 심판받는다는 말을 몹시 싫어한다. 예수 안 믿으면 괘씸죄로 심판받는다는 말로 이해하기 때문이다. 그러나 예수를 믿지 않기 때문에 괘씸죄로 심판한다는 것이 아니라 믿지 않으면 '잡아먹힐 양 떼'의 운명에 처해서 죽을 수밖에 없다는 뜻이다. 예수만 믿으면 '잡아먹힐 양 떼'에서 구원받아 축복받은 양 떼가 된다는 뜻이다.

목자를 팔아넘긴 '잡아먹힐 양 떼'

예수님의 제자였던 가룟 유다는 예수님을 은 30세겔에 팔아넘겼다. 놀랍게도 이 사건은 스가랴 11장 12-13절에 예언되어 있다.

> 스가랴 11:12-13 내가 그들에게 이르되 너희가 좋게 여기거든 내 품삯을 내게 주고 그렇지 아니하거든 그만두라 그들이 곧 은 삼십 개를 달아서 내 품삯을 삼은지라 여호와께서 내게 이르시되 그들이 나를 헤아린 바 그 삯을 토기장이에게 던지라 하시기로 내가 곧 그 은 삼십 개를 여호와의 전에서 토기장이에게 던지고

하나님께서 보내신 목자가 받을 몸값을 요구했을 때 그들은

은 30을 주었다. 잡아먹힐 양 떼를 구하고 보호하는 목자가 진정 받고 싶은 몸값은 무엇이었을까? 그것은 양들이 목자를 믿고 따라 주는 것이다. 순종과 믿음이다. 참 목자는 양들이 자기를 믿고 따라 줌으로써 안전하고 행복해지면 그것으로 족하다. 그런데 양 떼들은 은 30으로 목자의 몸값을 지불했다.

율법에 의하면 은 30세겔은 죽은 종의 몸값에 해당한다. 만일 다른 사람의 종이 소에 받혀 죽을 경우 소의 주인은 종의 주인에게 은 30을 지불하고 소는 돌로 쳐 죽이라고 규정하고 있다(출 21:32). 은 30은 종의 몸값인 것이다.

가룟 유다가 유대 지도자들에게 예수님을 팔아넘기는 대가로 은 30을 받았을 때 율법에 익숙한 이들은 그 돈이 어떤 의미인지 잘 알고 있었다. 그것은 예수님을 죽은 종으로 여겼다는 뜻이다. 그들은 예수님을 이토록 멸시하고 조롱했던 것이다.

성경에 가룟 유다의 배신과 주인에 대한 모욕이 예언되어 있는 것은, 예수님께서 예기치 않은 제자의 배반으로 희생된 기구한 운명의 지도자가 아니라는 것을 입증한다. 예수님은 운명의 희생자가 아니라 운명의 주관자이시다. 지도자들과 유다가 이 구절을 읽고 예수님이 약속된 메시아임을 드러내기 위해 은 30을 주고받은 것이 아니다. 그들은 예수님에 대한 멸시와 모욕으로 은 30을 주고받은 것이다. 그러나 그들의 멸시조차 역사를 주관하시는 하나님은 예언의 성취로 사용하셨다.

양 떼들은 목자를 배척하여 은 30에 팔았지만 하나님께서 보내신 아들은 선한 목자로서 양 떼를 위해 자신의 생명을 내어 주었다.

> 요한복음 10:11 나는 선한 목자라 선한 목자는 양들을 위하여 목숨을 버리거니와

> 요한복음 10:17-18 내가 내 목숨을 버리는 것은 그것을 내가 다시 얻기 위함이니 이로 말미암아 아버지께서 나를 사랑하시느니라 이를 내게서 빼앗는 자가 있는 것이 아니라 내가 스스로 버리노라 나는 버릴 권세도 있고 다시 얻을 권세도 있으니 이 계명은 내 아버지에게서 받았노라 하시니라

예수님은 억울한 배신에 의해 어쩔 수 없이 죽으신 것이 아니라 선한 목자로서 양들을 대신하여 생명을 스스로 내놓으신 것이다.

이러한 목자의 몸값으로 우리는 무엇을 내놓을 것인가? 잡아먹힐 양 떼 같은 우리를 구원하시기 위해 자신의 생명을 내놓으신 목자의 몸값으로 우리는 무엇을 내놓을 것인가? 목자가 우리에게 원하는 몸값은 무엇인가?

돈이 아니다. 믿음과 순종이다. 그것이 참 목자에게 우리가 드릴 수 있는 최고의 몸값이다. 우리가 드리는 헌금은 예수님의 몸값이 아니다. 만일 그렇게 생각하고 헌금한다면 해서는

안 된다.

아무리 큰 헌금을 하여도 그리스도의 희생에 대한 진정한 몸값인 믿음과 순종이 없는 헌금은 은 30처럼 그리스도를 멸시하고 모욕하는 것이다. 그러나 아무리 작은 헌금, 과부의 두 렙돈이라 할지라도 믿고 순종하는 자의 헌금은 전부를 낸 것이라고 소중하게 여기신다. 목자이신 그리스도께서 요구하시는 몸값을 믿음과 순종으로 지불하라.

참 목자를 배척하면

하나님께서 보내신 참 목자를 배척하고 모욕하는 양 떼들에게 하나님께서 내리시는 조치는 무엇인가?

첫째는 하나님께서 불쌍히 여기지 않으신다.

> 스가랴 11:6 여호와가 말하노라 내가 다시는 이 땅 주민을 불쌍히 여기지 아니하고 그 사람들을 각각 그 이웃의 손과 임금의 손에 넘기리니 그들이 이 땅을 칠지라도 내가 그들의 손에서 건져내지 아니하리라

하나님께서 불쌍히 여기시지 않는 자들의 운명은 얼마나 비

참한가. 우리가 이 땅에서 살 수 있는 것은 우리를 불쌍히 여겨 주시는 하나님의 긍휼하심 때문이다. 하나님의 긍휼하심을 다 말라 버리게 한 것은 우리의 끊임없는 불순종과 죄다. 하나님께서 보내신 선한 목자를 은 30에 팔아 버리고 십자가에 못 박아 버린 죄다. 자신의 생명을 내놓고 우리에게 구원을 주시는 은혜를 거절한 죄다. 아들을 주신 사랑을 거절하고 배척하는 것은 하나님의 긍휼을 말라 버리게 한다.

십자가를 거부하는 것은 하나님의 긍휼의 한계점이다. 죄인들에 대한 하나님의 긍휼은 언젠가 끝날 때가 올 것이다. 하나님은 긍휼로 오래 참고 계시지만 더 이상 참으실 수 없게 되면 끔찍한 멸망이 올 것이다.

하나님께서 불쌍히 여기지 않으시면 인간 지도자들에게서도 불쌍히 여김을 받지 못하게 된다.

스가랴 11:9 내가 이르되 내가 너희를 먹이지 아니하리라 죽는 자는 죽는 대로, 망하는 자는 망하는 대로, 나머지는 서로 살을 먹는 대로 두리라 하고

초대교회 당시 역사가 요세푸스는 이를 3중 재난이라고 불렀다.

"죽는 자는 죽는 대로"란 역병과 기근으로 죽임당하는 것이다. "망하는 자는 망하는 대로"는 전쟁으로 죽임당하는 것이다.

"나머지는 서로 살을 먹는 대로"는 극도의 혼란으로 사람이 이리와 늑대처럼 서로의 살을 뜯어먹는 야수로 변하는 지옥을 의미하는 것이다.

하나님의 긍휼이 그치면 역사는 극도의 혼란 속에 빠지고 만다. 우리는 날마다 이렇게 기도해야 한다. 하나님 이 땅을 불쌍히 여기소서! 우리 가정을 불쌍히 여기소서! 주여 나를 불쌍히 여기소서!

둘째, 하나님께서 은혜와 연합의 막대기를 부러뜨리신다.

> 스가랴 11:10 이에 은총이라 하는 막대기를 취하여 꺾었으니 이는 모든 백성들과 세운 언약을 폐하려 하였음이라

> 스가랴 11:14 내가 또 연합이라 하는 둘째 막대기를 꺾었으니 이는 유다와 이스라엘 형제의 의리를 끊으려 함이었느니라

하나님께서 목자의 두 막대기를 부러뜨리신 것은 목자와 양과의 약속을 깨셨다는 뜻이다. 더 이상 목자의 은혜로운 보호를 허락하지 않으시겠다는 것이다.

하나님께서 지금까지 보호하신 이유는 하나님께서 은혜로 맺은 약속 때문이다. 하나님은 그 약속을 지키셨다. 그 약속대로 행하셨다. 회복될 수 있는 모든 조치를 다 취하셨다. 그럼에

도 불구하고 끝까지 돌아오지 않고 하나님의 은혜를 거절하며 목자를 배척하는 데까지 나아갈 때 하나님은 그 은혜의 약속까지 깨뜨리신다. 하나님의 사랑이 하나님의 공의까지 무너뜨릴 수 없기 때문이다.

하나님은 그 약속을 지키기 위해 아들까지 내어 주셨다. 그런데 우리가 아들까지 내어 준 그 사랑을 받아들이지 않으면 더 이상 약속은 무의미하기에 그 약속을 깨뜨리신다.

하나님께서 은혜의 막대기를 거두시지 않은 이때가 은혜받을만한 때요 구원 얻을 때다. 은혜의 막대기로 우리를 다스리고 계신 이때가 목자의 은혜를 받아들여야 하는 때다.

셋째, 하나님께서 악한 목자가 양 떼를 다스리도록 넘겨주신다.

> 스가랴 11:16 보라 내가 한 목자를 이 땅에 일으키리니 그가 없어진 자를 마음에 두지 아니하며 흩어진 자를 찾지 아니하며 상한 자를 고치지 아니하며 강건한 자를 먹이지 아니하고 오히려 살진 자의 고기를 먹으며 또 그 굽을 찢으리라

새롭게 세워지는 이 목자는 선한 목자가 아니라 악한 목자다. 하나님께서 악한 목자를 세우신다는 것이 아니라 스스로 다스리려던 악한 목자를 막으시던 은혜를 거두니 결론적으로는 세우는 것처럼 되는 것이다.

선한 목자를 받아들이지 않을 때는 우매하고 악한 목자가 그 자리를 차지하게 된다는 것이다. 그리스도의 다스림을 거부하면 스스로 사탄의 다스림으로 들어가는 것이다. 그리스도를 배척하는 벌은 악한 지도자에 의해 다스림을 받는 것이다.

악한 목자의 행위가 여섯 가지로 기록되어 있는데 모두 참 목자와는 정반대되는 모습이다.

첫째, 잃은 양을 생각하지도 않는다.

둘째, 길을 잃은 양을 찾지 않는다.

셋째, 상처 입은 양을 고쳐 주지 않는다.

넷째, 튼튼한 양마저 기르지 않는다.

다섯째, 살진 양은 잡아먹어 자신의 잇속만 채운다.

여섯째, 양들의 발굽을 찢어 불구로 만들어 초장에 나가 풀을 뜯을 수 없게 한다.

예수 그리스도를 거부하고 배척하는 것은 세상에서 가장 바보 같은 선택이다. 잡아먹힐 양 떼를 구원하러 오신 목자를 배척하는 것이기 때문이다. 위기에 처한 자신을 구하러 온 분을 거부하고 배척하는 것이기 때문이다.

하나님의 최후의 은혜, 최고의 사랑을 배척하는 자들에게는 최후의 심판과 최고의 형벌만이 남아 있을 뿐이다.

예수 그리스도가 하나님께서 보내신 선한 목자, 참 목자라는 증거는 그분의 말씀과 삶, 그리고 십자가의 희생을 통해 밝혀졌다. 그 사랑과 희생에 참된 몸값을 지불하지 않으면 그 몸값을 우리 자신이 지불해야 할 것이다. 예수님께서 요구하시는 몸값은 믿음과 순종이다. 감사와 경배다.

예수 그리스도를 목자로 모시라. 그분이 은혜의 막대기와 연합의 막대기로 우리를 인도해 주실 것이다. 예수 그리스도를 목자로 모신 삶은 얼마나 축복된 삶인가. 시편 기자는 그 축복을 이렇게 고백했다.

> 시편 23:4-6 내가 사망의 음침한 골짜기로 다닐지라도 해를 두려워하지 않을 것은 주께서 나와 함께하심이라 주의 지팡이와 막대기가 나를 안위하시나이다 주께서 내 원수의 목전에서 내게 상을 차려 주시고 기름을 내 머리에 부으셨으니 내 잔이 넘치나이다 내 평생에 선하심과 인자하심이 반드시 나를 따르리니 내가 여호와의 집에 영원히 살리로다

애통함이 복되리라

스가랴서 12:10-14

한국 교회의 살아 계신 증인이셨던 고(故) 방지일 목사님을 어느 출판사에서 인터뷰한 내용이 있다.

"목사님 참 건강해 보이시는데 그 비결이 무엇입니까?"

"별로… 그런 비결이 따로 없습니다."

"그래도 이만 한 연세에 특별한 건강 유지 비결이 있을 것 같은데요?"

그때 방 목사님이 하신 대답이 이랬다.

"운동이 있다면 심장운동을 한다고 할 수 있겠지요."

방 목사님이 말씀하신 심장운동이란 심장이 스스로 뛰는 운동과 다른 것이다. 목사님은 새벽 2~3시에 일어나 말씀을 준비하거나 공부하시는데, 이때 말씀의 빛 앞에서 자신의 죄와 잘

못이 낱낱이 드러나면 통회의 눈물을 흘리신다. 그러면 심장이 쿵쾅쿵쾅 몹시 고동친다고 하신다. 그러니까 방 목사님이 말씀하신 심장운동이란, 하나님 앞에서 흘리는 애통의 눈물이다. 이 애통의 눈물이 심장을 더욱 활기 있게 운동시켜서 지금까지 건강하게 인도하셨다는 신앙고백인 것이다.

'눈물예찬'이라는 임병곤 시인의 시가 떠오른다.

눈물은 보약입니다.
눈물은 그냥 물이지만 흘리고 나면
몸에 면역력이 생기는 종합비타민입니다.

눈물은 해독제입니다.
해일처럼 밀려와 깊은 마음속을 뒤집고
우울과 절망을 밀어내는 살균수입니다.

눈물은 신비한 액체입니다.
쇳물도 못 녹이는 꽁꽁 얼어붙은
원수의 마음도 봄눈 녹듯이 녹입니다.

눈물은 하늘 씨앗입니다.
마음껏 울고 나면 웃음꽃이 피어나고
눈물을 뿌리면 기쁨을 추수합니다.

눈물은 약속입니다.
비 갠 후 희망의 무지개가 피어나듯
눈물 후 언약의 무지개가 떠오릅니다.

눈물은 은혜입니다.
눈물의 기도가 수증기되어 올라가면
은혜의 단비가 되어 촉촉이 내립니다.

아! 눈물 흘리는 자가 복이 있습니다.

회개의 눈물은 거꾸로 흐른다. 땅으로 떨어지는 것이 아니라 하늘에까지 올라가 축복과 은혜의 단비가 되어 내려온다. 다윗은 회개와 간구 가운데 많은 눈물을 흘리면서 하나님께 이렇게 기도했다.

시편 56:8 나의 눈물을 주의 병에 담으소서

하나님은 우리가 하나님 앞에서 죄를 슬퍼하며 흘리는 회개의 눈물을 병에 담으신다. 그리고 언젠가 그 눈물을 기쁨의 단비로 바꾸어 내려 주신다.

스가랴 선지자는 스가랴서 12장에서 장차 오실 메시아의 죽으심으로 인하여 그를 바라보는 모든 이들이 회개하며 슬피 울 것을 예언하고 있다. 12장 10-14절까지의 짧은 말씀에 슬피 울 것이라는 단어가 반복되고 있다. 큰 슬픔의 눈물이 강물처럼 온 세상을 뒤덮으리라는 것이다.

이 눈물은 원치 않은 실패를 당해 흘리는 눈물이 아니다. 받아들이기 어려운 고난이 고통스러워 흘리는 눈물도 아니다. 이 눈물은 하나님 앞에서 자신의 죄를 슬퍼하며 흘리는 애통의 눈물이다. 성령이 임하심으로 거듭난 영혼이 흘리는 회개의 눈물이다.

왜 애통한가?

그런데 이러한 눈물은 억지로 만들어질 수 있는 것이 아니다. 배우들이 극에 몰입하느라 눈물을 끌어올리는 그런 눈물이 아니다. 무엇인가 위로부터 어떤 마음이 부어짐으로 그 마음에서 흘러나오는 눈물이다.

> 스가랴 12:10 내가 다윗의 집과 예루살렘 주민에게 은총과 간구하는 심령을 부어 주리니 그들이 그 찌른 바 그를 바라보고 그를 위하여 애통하기를 독자를 위하여 애통하듯 하며 그를 위하여 통곡하기를 장자를 위하여 통곡하듯 하리로다

이 슬픔의 눈물은 어떤 각성이나 깨달음으로 일어나는 것이 아니라 하나님께서 부어 주시는 성령으로 다시 태어난 마음에서 일어나는 것이다. 회개의 애통함은 거듭난 영혼의 가장 중요한 특징이다. 회개해야 거듭나는 것이 아니라, 거듭남으로 회개하게 되는 것이다.

회개란 죄를 토해 내는 것이다. 살아 있는 사람은 불순물이 입으로 들어가면 토한다. 그런데 죽은 사람은 불순물을 토해 내지 못한다. 영혼이 다시 살아나면 영혼의 불순물들을 토해 내게 되는데 그때 애통함의 눈물이 하염없이 흐른다.

어떤 분은 성령님이 마음에 임하면 교회 예배당에 들어서는 순간부터 눈물이 흐르고, 모두가 웃고 있는 상황에서도 눈물이 흘러내린다고 한다. 이 슬픔의 눈물은 성령님께서 '은혜와 용서를 구하는 마음'을 부어 주셨기 때문에 흘러나오는 것이다.

성령님이 임하시면 자신은 하나님의 은혜와 용서 없이는 도저히 구원받을 수 없는 존재라는 것을 보게 된다. 성령님이 임하시면 죄에 대하여, 의에 대하여, 심판에 대하여 깨닫게 되고, 나의 죄와 불의함으로 인하여 받아야 할 하나님의 심판이 있음을 보게 된다. 그리하여 하나님께 은혜와 용서를 구하는 마음이 일어나게 된다.

은혜와 용서를 구하는 마음은 예수님의 십자가를 바라볼 때 성령님께서 부어 주시는 것이다. 십자가에서 창에 찔리심을 받은 예수님을 바라볼 때 우리는 하나님께 용서와 은혜를 구하게 된다. 성령님은 우리가 십자가를 바라볼 때 예수님이 왜 십자가에서 죽으셨는지, 누가 예수님을 죽였는지를 깨닫게 하신다.

누가 십자가에 예수님을 못 박아 매달았고, 누가 예수님의 허리를 창으로 찔러 물과 피를 다 쏟게 하였는가?

예수님을 직접 죽인 사람들은 로마 군병들이다. 그런데 그들은 명령대로 수행했을 뿐이다. 예수님도 그들을 용서하셨다. 그런데 명령에 따른 그들의 행동은 예수님께 용서를 받았을지 모르지만 그들이 예수님을 조롱하고 학대한 책임은 면할 수 없다.

군병들에게 십자가형을 실행하도록 명령한 로마 총독 본디오 빌라도의 책임도 분명하다. 빌라도는 예수님의 무죄를 확신했지만, 유대 지도자들이 거세게 반발할 것을 염려하여 그는 양심을 외면하고 정치적 야망을 선택했다. 이 빌라도의 비겁함 때문에 예수님은 십자가에 못 박히시게 되었다.

빌라도에게 예수님을 죽인 죄가 있는 것은 분명하지만 빌라도를 곤경에 빠뜨린 사람들은 유대 지도자들이다. 그들은 예수님을 재판하도록 군중을 선동해서 예수님의 십자가 처형을 요구하도록 사주하였다. 유대 지도자들이 그렇게 예수님을 죽음으로 내몬 이유는 질투 때문이었다. 그리고 가룟 유다가 예수님을 유대 지도자들에게 팔아넘긴 이유는 돈 때문이었다.

예수님은 유다의 돈에 대한 탐욕 때문에 유대 지도자들에게 넘겨졌고, 유대 지도자들의 질투 때문에 빌라도에게 넘겨졌다. 그리고 빌라도의 비겁함 때문에 군병들에게 넘겨졌고 군병들은 예수님을 조롱하며 그를 십자가에 못 박았다.

그런데 예수님의 죽음에 대해 그들에게만 책임을 물을 수 있을까?

만일 우리에게 유다처럼 돈에 대한 탐욕이 있다면, 그리고 유대 지도자들처럼 질투가 많다면, 빌라도처럼 비겁하다면, 우리도 그들과 똑같이 행동했을 것이다. 아니 실제로 우리는 그렇게 했다. "그가 찔림은 우리의 허물 때문이요 그가 상함은 우리의 죄악 때문이라"(사 53:5). 또 "거기 너 있었는가? 그때에 예수 십자가에 달릴 때"라는 찬송가 가사도 있다. 이 질문에 우리는 이렇게 대답해야 한다.

"그렇습니다. 우리는 거기에 있었습니다. 단순히 구경하는 사람으로 있었던 것이 아니라 음모를 품고, 계획을 세우고, 배반하고, 비겁하게 흥정해서 넘겨주어서 못 박게 한 그 모든 일에 참여한 사람으로 거기에 있었습니다. 그리고 또 우리는 거기에 있었습니다. 예수님께서 죽으신 그 죽음 안에서 나도 함께 죽은 자로 거기에 있었습니다."

렘브란트는 십자가에 달리신 예수님을 그릴 때 둘러선 군중들 속에 한 남자를 그려 넣었다. 그는 전체 그림과 전혀 어울리지 않는 인물인데, 사람들은 그를 렘브란트 자신이라고 해석한다. 렘브란트 자신이 맞다면 그는 거기에 자신도 있었다는 것을 고백하고 있는 것이다.

십자가에 못 박히신 예수님을 바라볼 때 우리는 슬피 울 수밖에 없다. 왜냐하면 우리가, 내가 예수님을 십자가에 못 박았기 때문이다. 그리고 예수님은 우리를 대신하여, 나를 대신하여 못 박히셨기 때문이다.

그러므로 눈물이 메마른 눈으로는 십자가를 바라볼 자격이 없다. 눈물 없이는 십자가를 깨닫지 못한다. 십자가를 바라보며 애통의 눈물을 흘리고 은혜와 용서를 구하지 않는 사람은 하나님의 구원의 축복을 누릴 수 없다. 자신의 죄를 슬퍼할 줄 모르는 자에게는 구원의 소망이 없다. 그런 까닭에 야고보는 슬픔을 명령하기까지 했다.

> 야고보서 4:9 슬퍼하며 애통하며 울지어다 너희 웃음을 애통으로, 너희 즐거움을 근심으로 바꿀지어다

십자가를 바라볼 때 슬피 울며 탄식하며 통곡하는 사람은 구원의 기쁨을 경험할 것이다. 하나님의 사랑과 위로를 경험할 것이다. 천국을 경험할 것이다.

애통의 깊이

스가랴 12장의 말씀은 십자가를 바라보며 슬퍼하는 애통함이 얼마나 깊은 슬픔이어야 하는가를 두 가지 예를 들어 설명

하고 있다.

첫째, 외아들을 잃은 부모가 슬퍼하는 애통함이다.

배우자를 잃은 슬픔보다도, 부모님을 떠나보내는 슬픔보다도, 외아들을 잃은 슬픔은 우리가 지상에서 느낄 수 있는 가장 큰 슬픔이다. 죽음과 같은 고통이다. 아들을 잃은 사람만이 느낄 수 있는 고통이다.

그런데 하나님은 그 아들을 십자가에서 못 박혀 죽게 넘겨주셨다. 그 아들을 창에 찔려 모든 물과 피를 다 쏟게 하셨다. 아들을 잃은 슬픔은 하나님의 슬픔이다.

우리가 십자가에 못 박히신 예수님을 보고 슬피 울 수밖에 없는 이유는 우리가 그분의 유일하신 아들을 죽였기 때문이고, 우리의 창으로 하나님의 마음을 찔렀기 때문이다.

둘째, 선한 지도자를 잃었을 때의 애통함이다.

> 스가랴 12:11 그날에 예루살렘에 큰 애통이 있으리니 므깃도 골짜기 하다드림몬에 있던 애통과 같을 것이라

11절의 말씀은 구약시대 남왕국 유다의 선한 왕이던 요시야가 므깃도 골짜기에서 부상당하고 죽었을 때, 백성이 슬피 통곡하던 모습을 떠오르게 한다. 요시야 왕은 율법에 기록된 대로 선한 일에 힘을 다한 왕이었다. 그는 기울어져 가는 왕국의

최후 소망이었다. 그런 그가 죽자 유다 왕국은 급전직하로 멸망하고 말았다. 모든 백성은 선한 왕의 죽음으로 깊이 슬퍼하였다.

국가를 선하게 이끌던 지도자를 잃어버리면 온 국가가 애통하며 슬퍼한다. 공동체 전체가 함께 슬퍼하는 슬픔이다.

우리는 십자가에 못 박히신 예수님을 바라볼 때 이 두 가지 슬픔이 함께 일어난다. 누구나 슬퍼할 수밖에 없는 공동체 전체의 슬픔이요, 외아들을 잃은 한 가정의 깊은 슬픔이다.

애통이 이룬 일

이러한 슬픔이 스가랴서의 예언대로 예루살렘에서 일어났다. 오순절에 성령님께서 충만히 임하셨을 때 사람들은 메시아를 죽인 자신들의 죄를 깨닫고 가슴을 치며 통곡하며 슬피 울었다.

> 사도행전 2:36-37 그런즉 이스라엘 온 집은 확실히 알지니 너희가 십자가에 못 박은 이 예수를 하나님이 주와 그리스도가 되게 하셨느니라 하니라 그들이 이 말을 듣고 마음에 찔려 베드로와 다른 사도들에게 물어 이르되 형제들아 우리가 어찌할꼬 하거늘

십자가를 바라보며 슬피 우는 애통함은 복음이 증거되는 곳마다 나타났다. 예루살렘에서 시작된 통곡의 눈물이 온 유대와 사마리아와 땅 끝까지 흐르기 시작했다. 복음이 전해지면서 애통의 눈물이 지역적으로 확산된 것이다.

십자가에 못 박힌 예수가 그리스도라는 소식을 들은 갈라디아 사람들은 예수님을 한 번도 본 적이 없음에도 불구하고 애통하며 눈물을 흘렸다. 빌립보 사람들도 울기 시작했다. 십자가에 못 박힌 그리스도가 그리스도라는 소식이 전해지는 곳마다 애통의 강물이 흐르기 시작했다. 이것이 성령님의 역사다.

선교의 역사는 통곡의 역사요 눈물의 역사다. 복음이 전해지는 곳마다 눈물이 강물처럼 함께 흐르는 역사다. 부흥이 일어난 곳에서는 언제나 눈물이 강물처럼 흘렀다. 모든 민족과 열방들이 십자가를 바라보며 슬피 울 때 새 하늘과 새 땅이 우리에게 임할 것이다.

그런데 십자가를 바라보는 애통의 눈물은 개별적으로 흘리는 것이다. 군중심리에 의해 눈물을 흘리는 것이 아니다. 누군가 눈물을 흘릴 때 정서공명으로 함께 눈물을 흘리는 것이 아니다. 개인적으로 그 십자가를 바라보며 눈물 흘리는 것이다. 그래서 스가랴 12장 12-14절에는 '따로'라는 단어가 반복적으로 언급된다.

스가랴 12:12-14 온 땅 각 족속이 따로 애통하되 다윗의 족속이 따로 하고 그들의 아내들이 따로 하며 나단의 족속이 따로 하고 그들의 아내들이 따로 하며 레위의 족속이 따로 하고 그들의 아내들이 따로 하며 시므이의 족속이 따로 하고 그들의 아내들이 따로 하며 모든 남은 족속도 각기 따로 하고 그들의 아내들이 따로 하리라

'따로'라는 단어가 11번이나 반복되었다. '따로'라고 번역된 단어는 '개별적으로'라는 뜻이다. 각기 개별적이고 인격적인 반응으로 십자가에서 찔리신 메시아를 바라보고 슬피 울 것이라는 말씀이다.

다윗 집안, 나단 집안, 레위 집안, 시므이 집안이 열거되었는데 각기 모든 집안이 개별적으로 슬피 울 것이다. 영적 애통함은 교회 공동체에서만 아니라 가정 안에서도 나타나야 한다. 가정마다 친족끼리 함께 모여 기도하며 애통해야 한다.

특별히 그들의 아내들이 따로 울 것이라는 말씀이 반복되는 것이 흥미롭다. 아내들이 따로 울 것이라는 말씀이 강조되는 것은, 당시는 아내들이 독립적인 인격으로 대우받지 못했기 때문이다. 당시는 '아내가 따로'라는 표현이 어울리지 않는 시대다. 아내는 남편에게 완전히 종속되어 아내의 개별적인 감정이나 판단은 존재하지 않던 시대이기 때문이다. 이러한 시대에 아내들이 따로 울 것이라니, 얼마나 위대한 말씀인가?

 오늘날 얼마나 많은 아내들이 따로 울고 있는가? 남편이 이

해하지 못한 십자가의 비밀을 먼저 깨닫고 그 십자가를 바라보며 슬피 울며 남편도 그 십자가를 바라볼 수 있기를 기도하며 울고 있는 아내들이 많다.

그런데 남편들이 기억할 것은 회개의 눈물은 아내가 대신 흘려 줄 수 없다는 것이다. 아내들이 기억할 것은 남편이 아내를 대신해 회개의 눈물을 흘려 줄 수 없다는 것이다. 아내는 아내 자신의 죄를, 남편은 남편 자신의 죄를 슬퍼하며 흘리는 것이다. 각기 자신의 죄를 슬퍼하며 십자가에서 찔리신 주님을 바라보며 슬피 울어야 하는 것이다.

예수님께서 십자가의 길, 비아 돌로로사를 비틀거리며 걸어가실 때 가슴을 치며 슬피 우는 여인들이 있었다.

그런데 예수님은 슬피 우는 여인들을 향해 걸음을 멈추고 말씀하셨다.

> 누가복음 23:28 예루살렘의 딸들아 나를 위하여 울지 말고 너희와 너희 자녀를 위하여 울라

자신을 보며 슬피 우는 여인들을 보며 예수님은 고통 속에서 입을 열어 말씀하셨다. 군인들은 여인들의 울음소리에 전혀 반응하지 않았다. 그런데 마음이 온유하고 겸손하신 예수님께서는 여인들의 슬픈 울음소리에 민감하게 반응하셨다.

헤롯에게는 침묵하시고 빌라도에게도 몇 마디 말씀만 하셨

던 예수님, 채찍에 맞고 조롱받을 때도 마치 털 깎는 자 앞에 잠잠한 양처럼 잠잠하셨던 예수님께서 우는 여인들의 모습을 보며 이 침묵을 깨셨다. "나를 위하여 울지 말고 너희와 너희 자녀를 위하여 울라."

먼저 "나를 위하여 울지 말라"고 말씀하셨다. 여인들에게 울지 말라는 것은 우는 것이 잘못됐다는 말씀이 결코 아니다. 예수님은 슬픔을 금하신 것이 아니다. 예수님이 멈춰 서서 말씀하신 것은 오히려 여인들을 칭찬하신 것이다. 그리고 어떤 태도로 예수님의 죽음을 받아들여야 할지를 가르쳐 주신 것이다.

"나를 위하여 울지 말라"는 말씀은 십자가에 못 박히신 예수님을 단지 동정해서 울지 말라는 것이다. 동정의 눈물은 얼마 가지 못해 말라 버린다. 예수님의 고난을 묵상하되 예수님이 불쌍한 분이라고 동정하고 끝내지 말라는 것이다. 다른 슬픔과 울음이 있어야 한다고 말씀하시는 것이다.

"나를 위하여 울지 말고 너희와 너희 자녀를 위하여 울라"고 말씀하신 것은, 예수님께서 돌아가셨기 때문이 아니라 오히려 예수님이 돌아가셔야만 한 이유 때문에 울라는 뜻이다. 십자가의 죽음을 슬퍼하지 말고 예수님을 십자가에 못 박은 너희와 너희 자녀의 죄를 애통해하며 울라고 하신 것이다.

스펄전 목사님은 "죽어 가는 예수님을 위해 우는 것은 곧 치료를 슬퍼하는 것과 같다"고 말했다. 치료받으면서 슬퍼서 우는 것은 매우 소망 없는 행동이다. 이제 치료받으면 나을 것이라는 소망 때문에 아프지만 기뻐하는 것이 마땅하다.

치료를 슬퍼하는 것이 아니라 질병을 슬퍼해야 하는 것처럼, 예수님이 받으신 고통 때문에 울 것이 아니라 예수님이 십자가에 못 박히시기까지 감당하신 죄가 바로 우리의 죄라는 사실 때문에 울어야 한다는 것이다.

샘이 열리리라

스가랴서 13:1-9

이어령 박사님은 그의 책《우물을 파는 사람》에서 자신은 인생의 목마름을 해결하기 위해 여기저기 우물을 팠노라고 했다. 현대의 지성인 그가 세례를 받았을 때 사람들이 그에게 물었다.

"그 나이에 뭐가 답답해서 세례를 받는 겁니까?"

이에 대해 이어령 박사님은 이렇게 대답했다.

"명예를 추구하면서 글을 썼더니 명예가 생겼고, 돈 벌려고 애쓰니까 돈이 생겼고, 또 병 때문에 병원에 다니니까 병이 나았다. 그런데 어느 날 너무나 외로워서 극장에 가서 영화를 봐도, 좋아하는 글을 봐도 마음은 채워지지 않고 '이 세상에 나 혼자구나'라고 느꼈을 뿐이다. 절대 고독을 느낄 때, 즉 영혼이 갈

할 때, 영혼이 목마를 때 수돗물이든 1급수든 2급수든 보통 물로는 채울 수 없는 갈증을 느낄 때는 어디로 가야 하는가?"

우리나라 석학이라 불리는 대학자로서 세상의 부귀를 다 누리면서 왜 이제 와서 종교에 귀의했느냐는 질문에 이어령 박사님은 절대 고독을 해결해 줄 이는 하나님밖에 없음을 알았다고 대답한 것이다.

갈증을 느낀다는 것은 살아 있다는 증거다. 살아 있는 사람이 조금도 갈증을 느끼지 않는다면 몸에 심각한 병이 있다는 증거다. 마찬가지로 영혼의 갈증을 조금도 느끼지 않는다면 영혼에 심각한 병이 있다는 것이다.

신앙생활에서 위험 신호는 영적 갈증을 잃어버리고 만족하는 것이다. 에이든 토저(Aiden Tozer) 목사님은 "영적 생활에서 만족은 하나의 악"이라고 했다. 물질과 환경에 대하여 만족하는 것은 영적 생활에 유익하지만, 영적 생활에 만족하는 것은 위기에 빠진다.

사도 바울은 영적 생활에서 결코 만족함이 없었다.

빌립보서 3:13-14 형제들아 나는 아직 내가 잡은 줄로 여기지 아니하고 오직 한 일 즉 뒤에 있는 것은 잊어버리고 앞에 있는 것을 잡으려고 푯대를 향하여 그리스도 예수 안에서 하나님이 위에서 부르신 부름의 상을 위하여 달려가노라 바울은 자신이 아직도 앞에 있는 것을 잡으려고 좇아가고 있다고 했다. 로마서를 비롯한 신약의 3분의 2를 기록한 바울도 아직 예수님을 알아 가는 일에 있어서 끊임없는 영적 갈망을 느꼈던 것이다. 그런데 우리는 어쩌면 로마서조차 다 이해하지 못하면서도 다 안다고 만족하고 있는지도 모른다.

사탄은 우리로 하여금 아직 목표 지점에 도달하지 못했는데도 도착했다고 믿게 한다. 우리는 예수님을 영접한 것으로 만족한다. 혹은 가끔 예수님과 데이트하는 것으로 만족한다. 그러나 예수님은 우리가 예수님의 애인으로서 데이트하는 것으로 만족하기를 원하시지 않는다. 예수님은 우리가 예수님의 애인이 아니라 신부이기를 원하신다. 그냥 결혼식만 올린 신부가 아니라 남편을 뜨겁게 사랑하는 신부이기를 원하신다. 남편을 사랑하고 갈망하는 신부가 되기를 원하신다.

역사상 신실한 하나님의 사람들의 공통점은 하나님을 향한 끊임없는 갈망에 있었다. 그들은 하나님을 찾기 위해 기도하고 애통해하고 밤낮으로 기회가 있든 없든 하나님을 찾았다. 그것은 하나님을 모르기 때문에 갈망하는 것이 아니라 하나님을 알기 때문에 갈망하는 것이다.

이스라엘 절기 가운데 초막절은 이스라엘 백성이 광야에서 살았던 것을 기억하고 기념하는 절기다. 광야 시절을 기념할 때 그들이 잊을 수 없는 가장 드라마틱한 장면은 무엇이었을까? 나뭇가지로 만든 천막에서 살았다는 것보다 더 드라마틱한 경험은 그들이 광야에서 물이 없어 고통스러워할 때 하나님께서 모세를 통해 바위에서 샘물이 터져 나오게 한 일이다. 그래서 이스라엘 백성은 물이 솟아나는 것을 노래했다.

> 민수기 21:17 그때에 이스라엘이 노래하여 이르되 우물물아 솟아나라 너희는 그것을 노래하라

물이 없는 사막이나 광야를 걷고 있을 때 이렇게 노래하라. “우물물아 솟아라!” 불평은 절망을 부르지만, 믿음의 노래는 우물물을 솟아나게 한다.

그래서 초막절 의식의 클라이맥스는 모세가 바위에서 샘물을 낸 기적을 기억하는 의식이다. 제사장은 아침마다 기혼 샘이라는 곳에 가서 금항아리로 물을 길어 와서 길게 늘어선 백성 사이를 지나 성전으로 간다. 이어서 나팔소리가 길게 울려 퍼지면 제단을 돌면서 물을 붓는다. 일주일 동안 하루에 한 차례씩 그렇게 한다. 마지막 날에는 여리고 성을 돌 때 그런 것처

럼 일곱 바퀴를 돌면서 일곱 번을 붓는다. 그것으로 모세가 바위에서 샘물을 낸 기적을 재현한 것이다.

그런데 어느 초막절 마지막 날에 제사장이 예전처럼 물을 일곱 번 부었을 때 예수님께서 이렇게 외치셨다.

> 요한복음 7:37-38 명절 끝날 곧 큰 날에 예수께서 서서 외쳐 이르시되 누구든지 목마르거든 내게로 와서 마시라 나를 믿는 자는 성경에 이름과 같이 그 배에서 생수의 강이 흘러나오리라 하시니

이스라엘 백성은 초막절에 샘물이 터진 기적을 기억하는 행사를 열심히 가졌지만 정말 샘물이 터져 나오는 기적은 경험하지 못했다. 물을 붓는 행사는 종교의식일 뿐이다. 물두멍이나 저수조는 누군가 물을 가져다 부어야 하고 물을 가져다 붓지 않으면 언젠가는 고갈된다. 그런데 샘물은 계속 흘러나온다.

신앙은 물을 붓는 것이 아니라 샘물이 터져 나오는 것이다. 예수님은 종교의식으로서가 아니라 실제로 모세처럼 샘물을 나게 하는 분이라고 자신을 소개하신다. 이제는 바위에서 샘물이 나오는 것이 아니라 우리의 뱃속에서, 마음속으로부터 샘물이 흘러나오는 기적을 주시겠다고 선언하신 것이다.

마음속에서부터 샘물이 흘러나오는 경험을 해 보았는가?

우리에게 반드시 필요한 것은 마음속으로부터 흘러나오는 샘물이다. 마음으로부터 흘러나오는 샘물을 갈망해야 한다. 생

수의 근원이신 하나님과 동행하는 사람은 샘물이 흘러넘치는 삶을 살게 된다. 우리 속에 있는 더러운 죄는 안에서 밖으로 생수가 흘러넘쳐야 씻겨 내려가게 된다.

> 스가랴 13:1 그날에 죄와 더러움을 씻는 샘이 다윗의 족속과 예루살렘 주민을 위하여 열리리라

사람들의 죄와 더러움을 깨끗하게 씻기는 샘이 열릴 것이라는 이 예언은 예수님께서 십자가에서 못 박히시고 그 허리가 창에 찔리실 때 성취되었다. 이 샘은 보혈의 샘이다.

스가랴 12장에서 예언된 창에 찔리신 예수님의 옆구리가 이 샘의 근원이다. 거기로부터 우리를 깨끗하게 하는 피와 물이 나왔기 때문이다.

7절에서는 칼이 하나님의 목자, 하나님과 짝된 목자를 칠 것이라고 예언하고 있다. 하나님의 목자이신 예수님이 세상의 권력자들에 의해 죽임당할 것을 예언하신 것이다.

창에 찔리신 예수 그리스도를 바라보고 그를 찌른 자신의 죄로 인하여 애통하여 슬피 우는 자들에게 약속된 축복은 예수님의 찔리신 허리가 생수의 샘이 되게 하시는 것이다. 깨어진 반석에서 생수가 터져 나왔듯이 찢어진 그리스도의 몸으로부터 생수의 강이 흘러나오는 것이다.

그 보혈의 샘을 경험한 사람은 절망에서 벗어나고, 우울증이

사라지고, 새로운 회복을 경험하게 될 것이다.

윌리엄 카우퍼라는 시인은 여섯 살 때 어머니가 세상을 떠나 고아원에서 자라면서 평생 우울증에 시달렸다.

그는 32세에 아편을 사들고 죽으려고 마차를 타고 마부에게 템스 강으로 가자고 했다. 다리에서 뛰어내려 자살하려 했던 것이다. 그런데 그날 밤 런던에 짙은 안개가 끼어서 1시간이나 달렸지만 목적지에 도달할 수가 없었다. 그리고 놀랍게도 마차가 멈춘 곳은 자신의 집 앞이었다. 다음 날 아침 카우퍼는 서재에서 칼을 찾아 몸을 찔렀지만 칼이 오래되어 늑골에 닿으면서 칼날이 부러져 죽지는 않았다. 그러자 이번에는 목을 매 죽으려 했다. 하지만 그가 의식을 잃었을 때 끈이 끊어져 살아났다.

33세에는 정신병원에서 18개월간이나 살았다. 그런데 그는 그곳에서 로마서 3장 25절을 읽고 성령님의 강력한 역사를 경험하게 되었다. 예수님이 화목제물이 되심으로 구원받았다는 사실을 확신하게 되었고, 하나님께서 지난날의 죄를 용서하셨음을 경험하게 되었다. 이때부터 그의 삶은 완전히 바뀌게 되었다. 이때 그가 작사한 곡이 '샘물과 같은 보혈"이라는 찬송이다. 그는 마음의 불안과 정신착란이 찾아올 때마다 보혈 찬송을 위한 시를 썼다.

그의 찬송시의 원어를 직역에 가깝게 번역한 가사에 따르면 다음과 같다.

임마누엘의 몸에서 흘러나오는 보혈의 샘물이 있네

그곳에 뛰어든 죄인은 모든 더러운 죄를 씻음 받는도다

모든 죄 씻음 받네 모든 죄 씻음 받네

그곳에 뛰어든 모든 죄인은 모든 죄 씻음 받네

죽어 가던 강도 이 샘 발견하고 기뻐했네

저 강도같이 악하던 나 또한 모든 죄 씻음 받았네

내 모든 죄 씻음 받았네 내 모든 죄 씻음 받았네

저 강도 같은 나 또한 모든 죄 씻음 받았네

믿음으로 주님의 피가 넘쳐흐르는 시내를 보았다네

구속의 사랑이 나의 찬송 제목 되었으니 살 동안 늘 부르겠네

늘 찬송하겠네 늘 찬송하겠네

구속하신 사랑이 찬송 제목 되었으니 늘 찬송하겠네

샘이 열릴 때 사라지는 것들

죄와 더러움을 깨끗하게 하는 샘이 열릴 때 그 솟아나는 보혈의 샘물로 인하여 제거되는 것들이 있다.

첫째, 우상이 제거된다.

스가랴 13:2 만군의 여호와가 말하노라 그날에 내가 우상의 이름

을 이 땅에서 끊어서 기억도 되지 못하게 할 것이며 거짓 선지자와 더러운 귀신을 이 땅에서 떠나게 할 것이라

우상은 왜 생겨나는가? 사람들은 왜 하나님을 버리고 우상을 만드는가? 하나님께서 나의 욕구를 충족시키는 분이 아니라고 느끼기 때문이다. 간절히 도움이 필요한데 하나님께서 무관심한 것처럼 보일 때 사람들은 예측 불가능한 하나님보다 인과응보가 확실해 보이는 것들에 마음이 끌린다. 이것이 많은 우상이 생겨난 이유이고, 거짓 예언자들이 활동하는 이유다.

하나님께서는 예레미야를 통해 이스라엘 민족이 멸망한 원인은 두 가지 악을 행하였기 때문이라고 지적하신다.

렘 2:13 내 백성이 두 가지 악을 행하였나니 곧 그들이 생수의 근원되는 나를 버린 것과 스스로 웅덩이를 판 것인데 그것은 그 물을 가두지 못할 터진 웅덩이들이니라

첫 번째 악은, 생명수의 원천이신 하나님을 버린 것이다.

두 번째 악은, 물을 저장하지 못하는 터진 웅덩이를 판 것이다. 여기서 솟아나는 샘물과 물이 저장되지 못하는 웅덩이를 비교하고 있다.

물이 솟아나는 샘이 있는데 이를 외면하고 물을 저장하지 못할 터진 웅덩이를 만드는 것은 어리석은 짓이다. 그런데 샘물

을 외면하는 것과 터진 웅덩이를 만드는 것은 서로 연결되어 있다. 우리가 하나님을 향한 갈망을 잃어버리면 자기를 위한 신을 만드는 갈망을 품게 된다. 체스터턴도 "우리가 하나님을 예배하기를 그칠 때 우리는 아무도 경배하고 있지 않은 것이 아니라 다른 어떤 것을 경배하고 있는 것이다"고 말했다.

요한복음에 보면 생수의 근원되신 하나님을 버리고 스스로 웅덩이를 만든 한 여인이 나온다. 요한복음 4장에서 야곱의 우물에 물을 길러 온 사마리아 여인이다. 그녀는 남편이 다섯이나 있었고 지금 함께 사는 남자도 남편이 아니었다. 이 사마리아 여인의 문제는 무엇이었을까? 목마름이었다.

그 목마름을 해결하기 위해 스스로 웅덩이를 팠는데 그 웅덩이는 물을 저장하지 못하는 터진 웅덩이였다. 남편을 만났으나 목마름이 해결되지 못해 또 새로운 남편을 만나고 또 새로운 남편을 만나 여섯 개의 웅덩이를 스스로 판 것이다 그러나 모두 물이 저장되지 못하는 터진 웅덩이였다.

예수님은 이 여인에게 물을 좀 달라고 말씀하시고는 이렇게 말씀하셨다.

> 요 4:13-14 예수께서 대답하여 이르시되 이 물을 마시는 자마다 다시 목마르려니와 내가 주는 물을 마시는 자는 영원히 목마르지 아니하리니 내가 주는 물은 그 속에서 영생하도록 솟아나는 샘물이 되리라

예수님은 안에서 밖으로 솟아나는 샘물을 주신다고 말씀하셨다. 이러한 샘이 열리면 목마르지 않게 되므로 스스로 만든 우상은 모두 제거될 것이다. 우상을 기억도 못하게 될 것이다.

둘째, 거짓이 제거된다.

스가랴서 13장 3-6절은 거짓을 말하던 예언자들이 스스로 예언자가 아닌 것처럼 자신을 숨기게 된다고 한다. 거짓이 더 이상 통하지 않기 때문이다. 거짓된 사람은 변명과 위장으로 살아간다. 거짓 예언자들은 또 다른 거짓말로 자신을 감춘다. 자신도 자신이 가짜인 것을 알기 때문에 거짓말을 할 수밖에 없는 것이다. 거짓은 또 다른 거짓을 낳게 마련이다. 거짓된 사람은 자신의 거짓을 감추기 위해 끊임없이 거짓을 말하게 된다. 점점 진실과 생명으로부터 멀어져 멸망으로 가는 것이다.

그러나 가장 가까운 가족일지라도 거짓 예언을 하는 자들을 용납하지 않게 되며, 그들은 거짓 예언을 할 때 입었던 털옷도 입지 않게 될 것이다. 그리고 말하기를 나는 예언자가 아니라 농부라고 말하고 젊어서부터 머슴 노릇을 했다고 말한다. 누군가 그의 가슴에 우상숭배하던 흔적을 발견하고 "그 흔적은 어떻게 된 거요?"라고 질문하면 친구 집에서 상처를 입었다고 둘러댄다.

그러나 죄와 더러움을 씻는 샘이 열리면 그러한 거짓은 떠나게 된다. 십자가의 공동체, 보혈의 샘이 흐르는 공동체에서는 거짓이 통하지 않는다. 더러운 영이 떠나고 새 영과 새 마음이 임하는 것이다.

진정 씻어야 할 것은 더러워진 우리의 마음이고 영이다. 우리 안에는 죄와 더러움의 샘이 있다. 끊임없이 죄를 솟아나게 하는 샘이 있다. 그러나 감사하게도 더 큰 능력을 가진 샘이 있다. 예수 그리스도의 보혈의 샘이다. 이 보혈의 샘에 풍덩 몸을 던지면 거짓이 떠나고 더러운 귀신도 떠나간다. 앤드류 머레이 목사님은 자신은 그 샘에서 목욕한다고 했다.

"성령의 능력으로 그 샘은 하늘나라의 성전을 통해 흐릅니다. 믿음으로 나는 이 하늘나라 샘에서 흐르는 물과 가장 가깝게 접촉할 수 있도록 내 자신을 두고, 거기에 내 자신을 맡기고, 그 샘물이 나를 덮고 지나가게 합니다. 나는 그 샘에서 목욕합니다. 그 샘물은 깨끗하게 하는 능력과 강건케 하는 능력을 허락하지 않을 수 없습니다. 나는 보이는 것으로부터 돌이켜 오직 단순한 믿음으로 그 샘물의 복된 능력이 내 안에서 드러나게 될 것임을 확신하며 구주의 피를 의미하는 그 영적 샘에 내 자신을 던집니다."

우리는 단지 주일마다 모였다가 흩어지는 것에 만족해서는 안 된다. 우리 모두가 그리스도의 보혈의 샘에 몸을 던져 깨끗하게 목욕하고 돌아가야 한다.

셋째, 믿음의 불순물들이 제거된다.

스가랴 13:8-9 여호와가 말하노라 이 온 땅에서 삼분의 이는 멸망하고 삼분의 일은 거기 남으리니 내가 그 삼분의 일을 불 가운데에 던져 은같이 연단하며 금같이 시험할 것이라 그들이 내 이름을 부르리니 내가 들을 것이며 나는 말하기를 이는 내 백성이라 할 것이요 그들은 말하기를 여호와는 내 하나님이시라 하리라

3분의 2는 멸망할 것이고 3분의 1은 남아 있게 될 것이라는 말씀에서 그 수치는 문자적으로 해석할 필요가 없다. 남은 자들이 훨씬 적을 것이라는 의미다. 예수 그리스도를 믿음으로 남은 자들이 통과해야 할 과정이 있다. 시험과 연단의 과정이다.

우상과 거짓을 제거하고도 또 제거해야 할 것이 있다. 우리 믿음 속에 숨어 있는 불순물들이다. 욥은 불 같은 연단의 과정을 통과하면서 이렇게 고백했다.

욥기 23:10 그러나 내가 가는 길을 그가 아시나니 그가 나를 단련하신 후에는 내가 순금같이 되어 나오리라

욥은 자신이 알 수 있는 것은 오직 한 가지뿐이었다. 하나님께서 자신을 연단하고 계시다는 것 그리고 그 연단이 끝나면 자신은 정금같은 사람이 될 것이라는 믿음이었다. 모든 것 다 잃어버려도 정금같은 자기 자신이 남게 될 것이라는 믿음이 있었다. 욥이 겪은 고난에 대한 해석은 무죄한 자도 고난받는다

고 해석해서는 안 된다. 욥기가 가르쳐 주는 교훈은 욥과 같이 의로운 사람, 하나님이 자랑하실 만한 의인에게도 더욱 태워져야 할 불순물이 남아 있다는 것이다. 욥도 태워져야 할 것이 남아 있었다면 하물며 우리는 얼마나 많이 태워져야 할 것인가!

성경에서 하나님께서 연단하시는 과정을 은과 금을 연단하는 단련으로 비유하는 경우가 많다.

은과 금을 연단하는 일은 어떤 금속보다 훨씬 더 정교하고 신경이 많이 쓰이는 작업이다. 하나님께서 영혼을 깨끗하게 하는 일을 할 때 은과 금을 연단하는 작업처럼 매우 세심히 관심을 기울이신다는 것이다.

은은 녹을 때 거품을 내면서 산소를 약 20번이나 내뿜는다고 한다. 그런데 녹은 은이 탄소와 함께 바로 처리되지 않으면 공기로부터 산소를 다시 흡수해서 순수성을 잃어버리게 된다고 한다. 그래서 산소가 은에 다시 들어가지 않고 빨리 탄소와 함께 처리될 수 있도록 세심하게 작업해야 한다.

성경에서 은을 연단하심같이 우리를 연단하신다고 여러 번 말씀하신 또 다른 이유가 있다. 은을 연단할 때 은이 깨끗하게 순수한 은으로 완성되었다는 것을 아는 방법이 있다.

모든 찌꺼기가 제거되면 은은 갑자기 제련사의 모습이 비치는 액체 거울이 된다. 순수하고 투명한 액체 상태의 은에 제련자의 모습이 거울처럼 비쳐질 때까지 계속 불로 연단해야 하는 것이다.

이것은 하나님께서 우리를 언제까지 연단하실지를 보여 준다. 하나님께서 우리를 연단하실 때 그 목표는 하나님의 아들 예수 그리스도의 형상이 보일 때까지다. 하나님은 우리를 있는 그대로 사랑하시나 결코 그대로 내버려두시지는 않는다. 우리를 연단하시는 하나님의 계획과 목표는 오직 한 가지, 우리를 예수 그리스도의 형상으로 빚으시는 것이다.

맥스 루케이도는 《예수님처럼》(Just like Jesus)이라는 책에서 천국에서 이루어지는 놀라운 일들을 이렇게 설명한다.

"천국의 모든 축복 중에서도 가장 커다란 축복의 하나는 바로 당신이 될 것이다. 당신은 하나님의 걸작품, 그분의 예술작품이 될 것이다. 천사들이 흠모할 것이다. 하나님의 작품은 완성될 것이다. 마침내 당신은 그분의 마음을 알 것이다. 당신은 완전한 사랑으로 사랑하게 될 것이다. 당신은 광채 나는 얼굴로 예배하게 될 것이다. 당신은 하나님의 말씀을 단어 하나까지 다 듣게 될 것이다. 당신의 마음은 순결할 것이요, 당신의 말은 보석 같을 것이요, 당신의 생각은 보화 같을 것이다. 당신은 예수님처럼 될 것이다. 마침내 당신은 그분의 마음을 품게 될 것이다. 예수님의 마음을 상상해 보라. 그것이 당신의 마음이 될 것이다. 죄 없는 마음, 경외하는 마음, 기쁨과 감격의 마음, 지칠 줄 모르는 예배의 마음, 흠 없는 분별의 마음, 마르지 않는 깨끗한 계곡의 물처럼 당신의 마음도 그렇게 될 것이다. 당신은 예수님처럼 될 것이다."

연단의 과정을 마친 자들에게 하나님께서 주시는 축복이 9절에 기록되어 있다.

> 스가랴 13:9 그들이 내 이름을 부르리니 내가 들을 것이며 나는 말하기를 이는 내 백성이라 할 것이요 그들은 말하기를 여호와는 내 하나님이시라 하리라

예수님께서 십자가에서 흘리신 보혈이 우리에게 생명의 샘이 되어 헛된 우상과 거짓은 떠나가고, 우리는 연단의 과정을 통해 더욱더 거룩하고 순결한 하나님의 백성으로 변화될 것이다.

그 보혈의 샘물에 날마다 목욕하라. 그 샘물 곁에 거하라. 우상은 자리 잡지 못할 것이다. 거짓은 떠나갈 것이다. 어떠한 연단을 받더라도 결국 순결한 하나님의 형상으로 변화될 것이다.

16

다시 오시리라

스가랴서 14:1-9

사람들이 비전이라는 단어를 사용할 때는 현재에서 미래를 내다본다는 의미로 사용한다. 하지만 진정한 비전은 미래에서 현재를 바라보는 것이다. 현재의 선택이 미래를 결정하는 것은 분명하다. 그러나 현재에 정말 올바른 선택을 하려면 다가올 미래를 알아야 한다.

사람들은 미래에 일어날지도 모르는 일들을 염려하며 준비하면서도 정작 확실히 다가올 미래는 준비하지 않는다. 가령 미래에 혹시 걸릴지도 모르는 질병에 대해서는 준비하면서 반드시 일어날 죽음은 준비하지 않는다.

우리는 흔히 미래를 예측할 수 있다면 좋겠다고 생각한다. 그럴 수 있다면 성공할 확률이 높기 때문이다. 그러나 어떤 사람도 100퍼센트 정확하게 미래를 예측할 수 없다. 추정할 뿐이다.

그러나 성경은 인류의 미래에 대해 확실하게 예언하고 있다. 바로 인류에 종말이 온다는 것이다. 미래에 유토피아란 없다. 유토피아는 헬라어로 '우 토포스'(ou topos)로서 '그런 곳은 없다'라는 뜻이다. 미래에는 유토피아가 아니라 종말이 있을 뿐이다. 그리고 그 중심에는 다시 오시는 예수 그리스도가 있다.

성경은 예수님의 초림에 대해 직간접적인 예언을 456회나 기록했다. 그렇다면 예수님의 재림과 종말에 대해선 얼마나 예언했을까? 1518회다. 456회나 되는 예수님의 초림에 대한 예언이 완전하게 이루어졌듯이, 1518회나 되는 예수님의 재림과 종말에 대한 예언도 완전하게 이루어질 것이다.

그가 다시 오신다

예수님께서 이 땅에 첫 번째 오심으로 천국이 왔다. 예수님의 첫 메시지는 "회개하라 천국이 왔다"였다. 이 땅에서 천국을 찾아가는 것이 아니라 천국이 이 땅으로 찾아온 것이다. 그러나 천국이 이 땅에서 시작되었으나 아직 완성되지는 않았다. 그러므로 성도는 이중 국적으로 살아가는 사람들이다. 이 땅의 시민이자 천국의 시민이다. 이 시대에 속한 사람이면서 동시에 장차 완성될 시대에도 속한 사람들이다.

이제 이 땅에 시작된 천국이 예수님의 두 번째 오심으로 완성될 것이다.

역사는 아무 의미 없이, 목적도 없이 제멋대로 흘러가는 것이 아니다. 역사는 천국이 완성되는 날을 향해 흘러가고 있다. 역사는 영원하지 않다. 역사에는 끝이 있고, 그 역사의 끝에 예수님께서 다시 오심으로 천국이 완성될 것이다. 그러므로 미래의 우리 운명을 결정지을 가장 중요한 사건은 예수님의 다시 오심이다.

예수님이 처음 오셨을 때는 구유에 오셨지만 다시 오실 때는 구름 타고 오실 것이다. 처음 오셨을 때는 사람들의 멸시를 받았지만 다시 오실 때는 사람들에게 기이 여김을 받으실 것이다. 처음 오셨을 때는 가시 면류관을 쓰고 고난받으셨지만, 다시 오실 때는 영광의 면류관을 쓰고 능력과 큰 영광 가운데 오실 것이다. 처음 오셨을 때는 죄인의 모양으로 오셨지만, 다시 오실 때는 만왕의 왕으로 오실 것이다. 처음 오셨을 때는 소수의 사람들에게만 알려졌지만, 다시 오실 때는 하늘 이쪽에서 저쪽 끝으로 번쩍이는 번개같이 모든 사람이 확실히 알 수 있도록 오실 것이다. 처음 오셨을 때는 사람들에게 회개하라고 말씀하셨지만, 다시 오실 때는 회개의 기회조차 주어지지 않을 것이다. 처음 오셨을 때는 역사가 BC와 AD로 나누어졌지만, 다시 오실 때는 역사의 'The End'가 있을 뿐이다.

스가랴의 마지막 예언도 예수님이 다시 오심으로 역사의 끝이 오리라는 것이다. 예수님의 다시 오심이 모든 예언의 마지막 성취이며, 우리 믿음의 절정이요, 이 땅에서의 삶의 결론이다. 스가랴 14장은 예수님의 다시 오심을 가장 중요한 질문, 즉 언제, 어떻게, 왜 오시는가에 대한 질문으로 예언하고 있다.

그는 언제 오시는가?

첫째, 언제 오시는가? 아무도 모르고 오직 여호와께서만 아신다.

> 스가랴 14:7 여호와께서 아시는 한 날이 있으리니

그날은 하나님만 아시는 날이다. 예수님도 모르는 날이다.

> 마태복음 24:36 그러나 그날과 그때는 아무도 모르나니 하늘의 천사들도, 아들도 모르고 오직 아버지만 아시느니라

역사적으로 수많은 사람이 예수님의 재림을 예언하여 사람들의 주목을 끌었지만 모두 거짓 예언자들임이 드러났다. 예수님도 모르시는 그날을 추정하는 것은 하나님께 반역하는 것이며 사람들을 기만하는 것이다.

그렇다면 하나님은 왜 예수님께조차 그날을 알려 주시지 않

았을까? 그때를 정확히 알면 우리가 훨씬 더 방황하지 않고 살지 않을까? 아니다. 오히려 우리가 그때를 정확히 안다면 이를 악하게 이용하려 들 것이다. 재림 비즈니스가 발달할지도 모른다. 재림의 때를 정확히 알지 못해도 이미 종말은 비즈니스로 이용되고 있다. 2002년 7월 〈타임스〉의 커버스토리를 장식한 것은 '성경과 종말 예언'이었다. 미국의 팀 라헤이와 제리 젠킨스가 쓴 《레프트 비하인드》(*Left Behind*)는 종말을 주제로 한 소설로 10권으로 출판되었는데 이미 5000만 권 이상이 팔렸다. 이 책을 읽은 절반의 사람은 크리스천들이지만 그 절반은 불신자들이다. 2002년에 출간된 이 책이 불신자들에게까지 인기를 모은 것은 아마도 2001년 9월 11일의 비극적인 사건 때문이었을 것이다. 바로 미국과 전 세계를 공포의 도가니로 몰아넣은 9·11테러 말이다.

노아가 방주를 지으라는 하나님의 명령을 받았을 때 산에 방주를 짓는 것보다 그를 더 힘들게 한 문제는 아주 구체적인 시간을 모른다는 사실이었을 것이다. 창세기 6장 3절에서 "그들의 날은 백이십년이 되리라"고 하심으로써 120년 후에 심판이 있을 것을 예언해 주셨지만 그것이 구체적으로 방주를 짓는 것과 어떻게 연관이 될지는 상세히 파악하기 어려웠을 것이다. 그런데 바로 이것으로 인해 노아는 자신의 믿음을 증명할 수 있었다. 그리고 우리는 그를 통해 믿음이란 무엇인지를 배우게 되었다. 언제 비가 올지, 언제 심판의 날이 올지 몰랐지만 노아는 무조건 순종한 것이다.

그런데 과연 하나님께서 언제 물로 심판할지를 알려 줬다면 사람들이 변했을까? 그렇지 않았을 것이다. 역시 농담으로 여겼을 것이다. 성경은 사람들이 노아가 방주로 들어가던 날까지도 깨닫지 못했다고 기록하고 있다. 비가 오기 시작하는데도 여전히 노아의 말을 믿지 않았다는 것이다.

하나님께서는 그날이 언제인지는 정확하게 말씀해 주시지 않았지만 그날을 알 수 있는 징조는 알려 주셨다. 우리는 그 징조를 보고 그날을 준비할 수 있다. 예수님이 마태복음 24-25장에서 집중적으로 말씀하신 것도 그날이 언제인가가 아니라 그날이 임박했음을 알 수 있는 징조들이었다.

예수님의 재림이 임박하면 곳곳에서 전쟁과 지진이 일어날 것이고, 가짜 예언자들이 많이 나타날 것이며, 사람들의 사랑이 식어질 것이고, 복음이 온 세상에 전파될 것이다.

예수님은 그날을 위해 깨어 있으라고 거듭 말씀하셨다. 신부가 신랑을 기다리듯이 깨어 준비하라고 하셨다. 10명의 처녀가 신랑을 기다리는데 5명은 기름을 준비했지만 나머지 5명은 기름을 준비하지 못했다. 신랑이 늦도록 오지 않자 10명 모두 잠들었는데 한밤중에 갑자기 신랑이 들이닥쳤다. 이때 기름을 준비한 5명의 신부는 등불을 켜고 맞으러 나갈 수 있었지만, 나머지 기름을 준비하지 못한 5명은 급히 기름을 사러 나갔다가 끝내 결혼잔치에 들어가지 못했다.

오늘날의 결혼식은 신랑이 먼저 입장해서 신부를 기다리지만, 유대 사회에서는 신부가 신랑을 기다렸다. 더구나 신랑이 언제 올지 약속하지 않아서 마냥 기다려야 했다. 신부는 어느 날 갑자기 온 신랑을 기쁨으로 맞아야 했다. 예수님은 유대 사회의 결혼식을 비유로 들어, 그날은 그렇게 불시에 닥치므로 늘 깨어 신랑이 오기를 기다리라고 하신 것이다.

그는 어떻게 오시는가?

둘째로, 예수님께서 어떻게 오시는가? 세 가지 현상과 함께 오신다.

예수님의 다시 오심은 마지막 전쟁과 함께 오신다. 예수님이 다시 오시는 날은 심판의 날이기 때문이다.

> 스가랴 14:1-3 여호와의 날이 이르리라 그날에 네 재물이 약탈되어 네 가운데에서 나누이리라 내가 이방 나라들을 모아 예루살렘과 싸우게 하리니 성읍이 함락되며 가옥이 약탈되며 부녀가 욕을 당하며 성읍 백성이 절반이나 사로잡혀 가려니와 남은 백성은 성읍에서 끊어지지 아니하리라 그때에 여호와께서 나가사 그 이방 나라들을 치시되 이왕의 전쟁 날에 싸운 것같이 하시리라

예수님이 다시 오시는 그날에는 예루살렘을 둘러싼 마지막 전투가 있을 것이라고 한다. 하나님께서 열국을 예루살렘에 불러 모아 예루살렘과 싸우게 하시기 때문이다. 열국의 공격을 받은 예루살렘은 점령당하고, 집집마다 약탈당한다. 하나님의 백성이 대환난을 겪는 모습이다.

하나님의 심판은 하나님의 백성으로부터 시작된다. 하나님은 이 세상을 심판하시기 전에 하나님의 교회부터 심판하신다. 구약의 예언서들은 마지막 심판 날에 하나님의 백성이 온전히 구원받기 전에 먼저 큰 환난을 겪게 될 것이라고 예언하고 있다. 예루살렘의 재난은 열방에 대한 심판과 새 하늘과 새 땅을 여는 첫 신호탄인 것이다. 역사상 악의 세력들은 늘 하나님의 백성을 괴롭혀 왔지만, 마지막 때에 악의 세력은 큰 환난으로 성도들을 공격하게 될 것이다.

하나님은 왜 하나님의 백성을 이 같은 환란 가운데 두시는 걸까? 알곡과 가라지를 구별하고 양과 염소를 구별하기 위해서다. 환난을 견딜 수 있는 유일한 비결은 분명한 믿음이다. 순결한 믿음이다. 교회 안에 들어왔다고 다 구원받는 것이 아니라 예수 그리스도에 대한 분명한 믿음이 있어야 구원받는 것이다.

그런데 하나님은 예루살렘이 큰 환난을 당할 때 열국의 동맹국들과 싸우는 자로 나서서 그들을 심판하신다. 요한계시록에서는 이 전쟁을 아마겟돈에 열방의 왕들을 집결시켜 하나님의 마지막 일곱 번째 진노의 대접을 쏟는 것으로 표현하고 있다.

요한계시록 16:16-17 세 영이 히브리어로 아마겟돈이라 하는 곳으로 왕들을 모으더라 일곱째 천사가 그 대접을 공중에 쏟으매 큰 음성이 성전에서 보좌로부터 나서 이르되 되었다 하시니

하나님의 진노가 7개의 대접으로 쏟아지는데 마지막 일곱 번째 대접이 하나님의 백성을 큰 환난으로 몰아넣은 열국들에게 쏟아짐으로써 심판이 끝난다는 것이다.

한편 예수님의 다시 오심은 자연의 대격변과 함께 오신다.

스가랴 14:6-8 그날에는 빛이 없겠고 광명한 것들이 떠날 것이라 여호와께서 아시는 한 날이 있으리니 낮도 아니요 밤도 아니라 어두워 갈 때에 빛이 있으리로다 그날에 생수가 예루살렘에서 솟아나서 절반은 동해로, 절반은 서해로 흐를 것이라 여름에도 겨울에도 그러하리라

스가랴서 14장에서 묘사된 자연의 대격변은 크게 두 가지로 요약할 수 있다. 첫째는 빛이 없어지는 것이며, 둘째는 생수가 예루살렘에서 흘러나오는 것이다. 빛이 없어서 낮과 밤이 없어졌는데도 언제나 밝고 저녁에도 밝은 이유는 자연의 빛이 아닌 또 다른 빛이 생겨났기 때문이다. 이사야는 그 빛이 바로 여호와 하나님이시라고 한다.

이사야 60:19 다시는 낮에 해가 네 빛이 되지 아니하며 달도 네게 빛을 비추지 않을 것이요 오직 여호와가 네게 영원한 빛이 되며 네 하나님이 네 영광이 되리니

요한계시록 22:5 다시 밤이 없겠고 등불과 햇빛이 쓸 데 없으니 이는 주 하나님이 그들에게 비치심이라 그들이 세세토록 왕 노릇 하리로다

예수님이 다시 오시는 날에는 우리가 지금 의지하는 빛이 사라진다. 지금 우리가 의지하는 빛은 어두움이 함께 있는 빛이다. 그러나 예수님께서 다시 오셔서 이루어지는 빛은 어둠이 없는 빛이시다. 하나님이 친히 빛이 되어 주시기 때문이다.

또한 생수가 예루살렘에서 흘러나와 온 세상에 흐르게 되며 여름이나 겨울이나 상관없이 흐르게 된다. 요한계시록에서는 새 하늘과 새 땅에서는 생수가 하나님과 어린 양의 보좌로부터 흘러나와 만국을 소생케 한다고 한다. 에스겔에서는 예루살렘의 성전 문지방에서 흘러나오는 물이 온 땅을 적시고 사람들과 만물을 소생케 한다고 한다. 여름과 겨울에 상관없이 흐른다는 것은 변함없이, 끊임없이 물이 흐른다는 것이다. 예수님이 약속하신 생수의 강이 예수님이 다시 오시는 그날에 완전하게 이루어지는 것이다.

마지막으로 예수님은 거룩한 사람들과 함께 다시 오신다.

스가랴 14:5 나의 하나님 여호와께서 임하실 것이요 모든 거룩한 자들이 주와 함께하리라

예수님은 다시 오실 때 앞서 간 모든 성도와 함께 오신다.

살전 4:16-17 주께서 호령과 천사장의 소리와 하나님의 나팔 소리로 친히 하늘로부터 강림하시리니 그리스도 안에서 죽은 자들이 먼저 일어나고 그 후에 우리 살아남은 자들도 그들과 함께 구름 속으로 끌어 올려 공중에서 주를 영접하게 하시리니 그리하여 우리가 항상 주와 함께 있으리라

예수님이 다시 오실 때 우리는 예수님만 만나는 것이 아니라 앞서간 믿음의 선배들도 함께 만나게 되는 것이다.

그는 왜 오시는가?

셋째, 예수님의 다시 오심과 관련하여 가장 중요한 질문은 왜 다시 오시는가이다. 언제, 어떻게 오시는가보다 더 중요한 것이 왜 다시 오시는가이다.

스가랴 14:9 여호와께서 천하의 왕이 되시리니 그날에는 여호와

께서 홀로 한 분이실 것이요 그의 이름이 홀로 하나이실 것이라

역사의 클라이맥스는 누가 역사의 주권자이고 왕인가가 나타나는 것이다. 예수님이 다시 오심으로 여호와께서 온 세상의 왕이시며 홀로 주님이심이 드러나게 될 것이다. 오직 한 분이신 그분의 이름만이 섬김을 받게 될 것이다. 이것이 다시 오시는 목적이다.

사람들은 하나님이 세상의 진정한 왕이심을 인정하지 않는다. 하나님께서 역사의 왕이시고 홀로 높임을 받으셔야 함에도 아담과 하와의 타락 이후로 모든 인간은 하나님만을 높이지 않고 스스로를 높이고 헛된 우상을 섬겼다.

하나님께서는 역사 속에서 수없이 많은 크고 작은 심판을 통해 하나님께서 진정 역사의 왕이심을 가르쳐 주셨지만 사람들은 스스로 왕이 되기를 원했고 하나님 아닌 것을 하나님처럼 섬겼다. 마지막 때에 하나님은 심판을 통해서 하나님의 왕권을 되찾으실 것이다. 이를 막아 보려고 대적하는 자들은 모두 멸망받을 것이고 이를 인정하고 예배하는 자들만 남게 될 것이다.

예배란 무엇인가? 하나님께서 역사의 왕이심을 인정하고 높여 드리는 것이다. 이 세상에서는 하나님을 예배하지 않고 인정하지 않는 자들, 심지어 대적하는 자들도 살아 있을 수 있었지만, 마지막 때에 예수님이 다시 오신 이후에는 하나님을 예배하지 않는 자들은 결코 살아남지 못할 것이다.

스가랴 14:16-17 예루살렘을 치러 왔던 이방 나라들 중에 남은 자가 해마다 올라와서 그 왕 만군의 여호와께 경배하며 초막절을 지킬 것이라 땅에 있는 족속들 중에 그 왕 만군의 여호와께 경배하러 예루살렘에 올라오지 아니하는 자들에게는 비를 내리지 아니하실 것인즉

여기서 예루살렘은 새 예루살렘을 의미한다. 남은 자들이 들어가는 새 예루살렘에서는 하나님을 대적하던 애굽 백성도 하나님을 왕으로 예배할 것이다. 한때는 하나님을 대적하던 사람들도 마지막 환난과 하나님의 심판을 보고 회개하여 하나님을 예배하는 자들로 변화될 것이다. 하나님은 끝까지 한 영혼이라도 구원하시고, 대적자들도 예배자로 변화시키신다.

다시 오실 그날을 어떻게 준비할까?

이제 예수님의 다시 오심과 관련하여 우리 자신에게 던져야 할 중요한 질문이 있다. 우리는 분명히 다가올 이때를 어떻게 준비해야 하는가이다. 예수님의 다시 오심을 어떻게 준비해야 하는가?

베드로전서 4:7 만물의 마지막이 가까이 왔으니 그러므로 너희는

첫째, 깨어 기도해야 한다.

깨어 있는 성도는 예수님이 다시 오실 날을 기다리며 그 만남을 준비하는 사람이다. 게으른 청지기는 주인이 어느 때에 오느냐에 관심이 많다. 그 전까지는 게으르게 놀다가 주인이 오기 얼마 전부터 청소하고 단정하게 있으려는 것이다. 그러나 성실한 청지기는 주인이 언제 올지 모르지만 항상 깨끗하고 단정하게 집을 관리한다. 이러한 청지기에게는 주인이 언제, 어떻게 오는가는 중요한 질문이 아니다. 언제나 왜 오는가가 중요할 뿐이다.

깨어 있는 성도는 매일 예수님이 오실 날만 준비하는 것이 아니라 매일 예수님을 만나며 산다. 기도란 다시 오실 예수님을 매일 만나는 것이다. 예수님이 다시 오셨을 때 이렇게 인사하는 성도가 없기를 바란다. "처음 뵙겠습니다." 매일 기도 속에서 다시 오실 예수님을 만나며 살기를 바란다.

둘째, 자신을 정결하게 해야 한다.

요한일서 3:2-3 사랑하는 자들아 우리가 지금은 하나님의 자녀라 장래에 어떻게 될지는 아직 나타나지 아니하였으나 그가 나타나시면 우리가 그와 같을 줄을 아는 것은 그의 참모습 그대로

볼 것이기 때문이니 주를 향하여 이 소망을 가진 자마다 그의 깨끗하심과 같이 자기를 깨끗하게 하느니라

예수님이 다시 오실 때 우리가 그분과 같이 되므로 지금은 아무렇게나 살다가 그때 변화되면 그만인가? 아니다. 그분을 있는 모습 그대로 만나게 될 그날을 소망한다면 지금 여기서, 이 땅에서 살아갈 때 그분께서 정결하신 것처럼 자신을 정결하게 해야 한다.

사탄의 목적은 예수님의 다시 오심을 잊게 하고 주님과의 만남을 부끄럽게 하는 것이다. 예수님의 다시 오심을 믿지 않고 기대하지 않도록 하는 것이다. 그러면 자신을 더럽히며 살아가게 된다.

셋째, 모습을 숨기셔서 이미 오신 예수님을 볼 수 있어야 한다.

심판의 때에 우리가 행한 일이 모두 심판대 앞에 놓일 때, 거기에는 변호사도 대동할 수 없고, 검사가 고소할 수도 없다. 예수님은 우리 모두를 이미 만난 적이 있으신 것으로 대하신다.

마태복음 25:40 너희가 여기 내 형제 중에 지극히 작은 자 하나에게 한 것이 곧 내게 한 것이니라

 헐벗고 궁핍한 자를 돌본 일, 그것이 예수님께 한 것이라고

말씀하신다. 우리는 예수님의 초림과 재림 사이에서 가난한 자, 궁핍한 자, 굶주린 자. 억눌린 자들에 대한 우리의 반응으로 우리를 심판하시는 그리스도를 보아야 한다. 찬송을 부르고 우리 자신을 순결하게 지키는 것만으로는 충분하지 않다. 예수님의 초림과 재림 사이에 있는 이 세상에서 우리는 예수님이 자신과 동일시하는 연약한 자들을 사랑과 섬김으로 돌보아야 한다.

부유하고 지위가 높은 집안에서 태어난 아시시의 프란체스코는 어느 날 말을 타고 외출을 나가다가 문둥병으로 몸이 일그러진 한 남자를 만났다. 프란체스코는 마음이 뭉클해져서 말에서 내려 그 불쌍한 사람을 껴안았다. 그때 그 문둥병 환자의 얼굴이 그리스도의 얼굴로 바뀌었다고 한다.

로마의 군인이자 그리스도인이던 마틴이라는 사람이 어느 매섭게 추운 겨울날 그에게 구걸하는 걸인을 만났다. 그는 수중에 돈이 없자 추위에 새파래진 그에게 자신의 군복 외투를 반으로 찢어 절반을 주었다. 그날 밤 그가 꿈을 꾸었는데 꿈속에서 하늘 궁정에서 자신의 외투 절반을 입고 계신 예수님을 보았다. 그때 한 천사가 질문하는 소리를 들었다. "주님, 주님은 왜 찢어지고 오래된 외투를 입고 계신가요? 누가 그것을 당신에게 드렸습니까?" 그러자 예수님이 대답하셨다. "나의 종 마틴이 내게 주었느니라."

그리스도인의 삶은 현재가 미래를 결정하는 삶이 아니라 미래가 현재를 결정하는 삶이다. 현실을 도피하는 것이 아니라 현실을 변화시키는 능력으로 살아가는 삶이다. 다시 오실 예수님과 자든지 깨든지 동행하며 현실을 넘어서는 삶이다.